L'ITALIE
ET L'AUTRICHE
EN GUERRE

ENRICO CATELLANI

Professeur à l'Université de Padoue
Attaché au Quartier général de l'Armée Italienne.

Publication autorisée
par le Commandant en chef de l'Armée.

Florence - G. BARBÈRA - Éditeur

L'ITALIE ET L'AUTRICHE

EN GUERRE

PAR

ENRICO CATELLANI

PROFESSEUR À L'UNIVERSITÉ DE PADOUE
COMMANDANT D'INFANTERIE
ATTACHÉ AU QUARTIER GÉNÉRAL DE L'ARMÉE ITALIENNE.

Publication autorisée par le Commandant en chef de l'Armée.

FLORENCE,

G. BARBÈRA, ÉDITEUR.

1918.

PRÉFACE.

Après de si nombreux mois de guerre, on trouve encore trop répandue hors d'Italie cette erreur que les troupes austro-hongroises ont respecté, ou respectent, dans le combat les règles imposées par le droit et par la loyauté, et l'on n'hésite point à opposer la correction de leur conduite aux méthodes d'injustice et de cruauté pratiquées par leurs alliés.

Une telle erreur procède, tant chez les peuples alliés de l'Italie que chez les neutres, de deux causes : l'absence de constatation directe et l'insuffisance des informations. Français, Anglais, Belges et Russes ont également subi l'expérience des méthodes de combat adoptées par les armées allemandes. Or, c'est en jonction étroite avec elles, avec les Turcs et avec les Bulgares, que les troupes austro-hongroises ont opéré dans les régions orientales de l'immense théâtre de la guerre.

L'expérience directe et exclusive des initiatives de guerre et de la conduite des troupes austro-hongroises nous a été réservée exclusivement. Mais pour répandre dans leur totalité et dans leur précision les résultats de cette expérience, les moyens ordinaires offerts par la presse publique devaient être nécessairement moins efficaces pour nous que pour nos alliés. Les dénonciations que Français et Anglais ont formulées contre les Allemands, ont été répandues par des journaux et des revues qui, grâce à la connaissance largement répandue du français et à l'extension aux pays d'Amérique et d'Asie de la colonisation et de la culture britannique, ont pu faire parvenir rapidement un écho des accusations, et susciter une réaction d'horreur et de condamnation jusque dans le coin le plus reculé du monde.

Au contraire, de par la nature même et la distribution géographique de notre émigration, et surtout à cause de la vulgarisation plus restreinte de notre langue, les accusations qu'en tant d'occasions douloureuses il nous a fallu élever contre notre ennemi n'ont pu recevoir qu'une diffusion bien moindre et n'ont en conséquence obtenu, dans la formation du jugement des autres peuples, qu'une influence directe beaucoup plus faible. Et l'influence indirecte qu'elles pouvaient exercer dépendait d'ailleurs presque entièrement de l'impression que pouvait produire, dans les autres pays, ce qu'on en trouvait rapporté dans la presse de nos alliés et des neutres.

Il est donc nécessaire d'aviser aux moyens les plus aptes à remédier à une telle disproportion, et de substituer à l'ignorance et aux erreurs qui prédominent encore à l'égard des méthodes de combat austro-hongroises dans une si grande partie de la presse et de l'opinion publique étrangères, une connaissance exacte de l'opposition qui marque notre conduite et celle de nos ennemis.

Cette nécessité a été reconnue et mise en relief par M. Richard Bagot, un anglais qui connaît bien l'Italie et qui, avant même que nous fussions unis par la fraternité des armes, avait montré à maintes reprises sa sympathie pour notre pays: « J'ai relevé, – écrivait-il dans une lettre adressée au Times le 23 septembre 1916, – j'ai relevé en diverses occasions, dans les journaux anglais, l'affirmation répétée que les austro-hongrois sont, dans leurs méthodes de guerre, moins barbares que leurs alliés allemands. Mais une telle opinion n'est évidemment que l'effet d'une fausse impression ».

Une fausse impression ne peut dériver que du défaut ou de l'inexactitude des informations parvenues à qui la reçoit et en tire ensuite un jugement erroné. Pour que ce jugement puisse être corrigé et modifié, il importe donc d'y substituer une impression juste, qui soit l'effet d'informations complètes et véridiques.

C'est à cette fin que les faits ci-après énoncés et prouvés pourront servir de la manière la plus efficace.

1.

La juste guerre.

L'Italie peut bien qualifier de sainte la guerre qu'elle livre en vue de donner à ses fils l'indépendance et l'unité de gouvernement. Elle n'a pas été inspirée par le désir d'asservir d'autres peuples à son empire ; elle n'a pas été séduite par l'insatiable avidité de nouveaux territoires, ni par ces ambitieux desseins d'impérialisme qui ont égaré à toute époque de l'histoire tant de gens et tant de princes, et que nul puissant de la terre n'a jamais pu durablement réaliser. Ce qui l'a guidée, c'est le plus légitime des désirs, c'est le plus certain des droits : celui de réunir à la grande Patrie tous ses fils encore dispersés, de rendre au Pays les frontières que la géographie lui destinait et que l'histoire a consacrées, et d'assurer à la Nation complètement reconstituée, les conditions d'existence indispensables au développement de sa vie économique et à la préservation de sa sécurité. Et certes, ces aspirations ne sont point contraires à l'existence et au développement des nations voisines, puisque, comme le disait à la Chambre des Députés le ministre M. Paul Boselli, dans un discours mémorable, « la victoire désirée nous assurera l'empire de l'Adriatique, qui pour l'Italie signifie défense légitime et nécessaire, et qui, sans oublier les justes exigences des nationalités slaves, nos voisines, et la nécessité de leur développement, assurera également les droits imprescriptibles de notre nationalité sur l'autre rive ».

Juste guerre, entre toutes, est donc la nôtre, parce que cette même volonté de libérer nos frères, qui l'a déterminée, marque et impose aussi une limite à ses fins, en excluant, de la part des armes italiennes victorieuses, un dessein quelconque d'asservissement à notre empire d'autres peuples vaincus.

Le principe des nationalités qui nous a inspirés dans cette guerre, et que nous voulons faire prévaloir par la force des armes, pourra même être dans l'avenir, quand tous consentiront ou seront contraints à le reconnaître et à le respecter, le facteur le plus efficace d'une paix durable. Puisque, comme l'un des plus doctes et éloquents propagateurs de ce principe, Mazzini, le proclamait dans la première période de notre *risorgimento*, c'est seulement par le respect universel et l'universelle application de ce principe que l'on pourrait remplacer les précaires vicissitudes de l'équilibre politique par un équilibre juridique définitif, fondement inébranlable de la paix. La paix régnerait alors ; assurée contre toute embûche, dans une société d'Etats dont chacun se sentirait au complet à l'intérieur de ses frontières ; et n'aspirant à la conquête d'aucun territoire étranger, elle offrirait, dans ses rapports avec les autres Etats, toutes les conditions les plus sûres d'un avenir pacifique.

Notre ennemi, au contraire, une fois constitué en Etat, d'âge en âge asservissant à un seul Empire les peuples les plus divers, a trouvé dans les rivalités irréductibles de ces peuples les pires difficultés pour sa vie politique et pour son développement. Et, par tradition de conquête, et non inspiré par aucune notion d'affinité nationale, il a constitué successivement en Allemagne, en Italie, en Pologne, et dans la péninsule balcanique, des foyers menaçants pour la sûreté et l'intégrité des Etats voisins.

Or, si notre guerre est indubitablement juste dans ses fins, elle s'est aussi constamment montrée juste dans ses moyens ; si bien que tous les témoins impartiaux de notre conduite doivent convenir qu' « à la grande bonté des chevaliers antiques » la conduite de nos combattants modernes n'a point été inférieure. Du côté de nos ennemis, au contraire, à l'injustice des fins de leur guerre, qui est guerre d'asservissement tandis que la nôtre est guerre de libération, correspond également en parfaite antithèse avec la nôtre, l'injustice des moyens ; à la loyauté et à l'humanité de notre conduite, s'opposent la barbarie et la déloyauté de la sienne.

Il faut dénoncer une telle conduite au monde civilisé tout entier, non pas tant pour la défense de notre attitude, qui pourrait être calomniée par les mensonges de notre ennemi, sans mériter d'être condamnée par la conscience informée des contemporains et de la postérité, que pour préciser et documenter notre accusation contre ceux que nous combattons. Notre ennemi a, en effet, depuis le début de cette guerre, violé cyniquement non-seulement ces principes qui surgissent de plus en plus parfaits de la conscience et des mœurs d'une humanité évoluée, mais aussi ces mêmes règles codifiées que, dans des traités solennels, il avait contribué à formuler et s'était engagé à observer, et que, au cours de la présente guerre, il a toujours été prêt à invoquer à son profit dans ses rapports avec ses ennemis.

II.

La tradition de l'injustice.

Une telle conduite est conséquence autant d'infériorité morale que de faiblesse matérielle. Celui-là, en effet, recourt à la ruse et s'abandonne à la férocité, qui est dénué de toute discipline morale vigoureuse, et n'a pas assez confiance, dans une lutte ouverte et loyale, en l'efficacité de ses propres forces. A la cruauté et à la déloyauté envers son ennemi, l'Autriche était, au reste, prédisposée par les traditions de sa politique intérieure. Ses gouvernants s'étaient en effet accoutumés à l'usage et à l'abus de la tromperie, pour pouvoir susciter et propager la défiance entre les partis et les noyaux nationaux qui se partagent sa population et neutraliser ainsi toute tentative d'opposition. Ils ont constamment fait appel à la terreur et aux représailles, les exerçant sans distinction et même sur les innocents, pour tirer vengeance des dissidents et des rebelles, et les frapper dans leurs plus chères affections. Jamais, quelques changements qu'elle ait apportés à sa vie constitutionnelle, l'Autriche n'a renoncé à ces traditions de sa vie politique. Qu'il suffise de rappeler, parmi les cas les plus récents, celui de la fille du professeur bohémien Mazaryk, emprisonnée depuis le 5 novembre 1915, sans accusation précise et sans même qu'une instruction fût ouverte contre elle, mais seulement en qualité d'otage, condamnée à expier le crime politique imputé à son père, réfugié à Londres. Qu'il suffise de mentionner les inventions dont on n'eut pas honte d'étayer le procès intenté aux autres tchéques, le Dr. Kramarzh, le Dr. Rashin, MM. Servinka et Zremazal. Dans la traduction d'une copie d'une lettre écrite par le Dr. Kramarzh au Prince de Thun, gouverneur de Bohème, au sujet de la politique pratiquée par l'Autriche contre les Slaves, l'accusation falsifia le texte, pour le faire servir d'élément de preuve à un crime de haute trahison. A la demande de l'inculpé, le Prince de Thun fournit la lettre originale et convainquit l'accusation d'usage délibéré de fausses pièces. Mais la cour condamna, le 3 juin 1916, tous les inculpés à la peine de mort, peine confirmée le 20 novembre par le tribunal suprême de Vienne, et qui ne fut pas exécutée que parce que l'ascension au trône d'un nouveau prince et les actes consécutifs de grâce sauvèrent les condamnés du gibet.

A ces traditions de gouvernement, il faut rapporter aujourd'hui les camps de concentration, où vivent et souffrent des milliers d'italiens irrédentes suspects et d'italiens assimilés. Et y répond également de la manière la plus typique le cas du Dr. Tolia, où l'on ne sait si se manifeste davantage l'excès de la cruauté ou le cynisme inconscient de ceux qui s'en rendirent coupables. Les autorités impériales voulurent tirer vengeance du déserteur Simon Tolia, sujet autrichien de nationalité italienne et objet d'un jugement sous l'inculpation de haute trahison. Parce qu'il était contumace et se trouvait en sûreté sur le territoire italien, on entama un procès contre son frère, le Dr. Giuseppe Tolia, qu'on accusa, selon le document autrichien actuellement entre nos mains,[1] « de *probable* responsabilité morale » dans le crime commis par son frère, le considérant comme l'« inspirateur intellectuel de sa trahison ».

---

[1] K. und K. Infanterie Regiment, n. 15. Reservatbeilage, n. 179, 26 Oktober 1916. — Verlautbarungen, n. 129.

On ne saurait rien concevoir de plus contraire aux principes essentiels de la justice que ce *probabilisme* au nom duquel on croit pouvoir venger, sur la famille innocente demeurée au pays, les fautes imputées à un sujet évadé du territoire ! Les autorités autrichiennes, en l'invoquant, se condamnent sans s'en douter, lorsqu'elles considèrent comme déjà sûre, dès cet instant, la condamnation du Dr. Tolia, et ordonnent dès lors que, après la condamnation, on donnera aux noms des coupables, à l'énoncé de leur crime, et *à la gravité de leurs peines*, la plus large publicité, *en vue d'inspirer par ces exemples une salutaire terreur à toutes les troupes.*

Que l'on compare à ces actes le décret du Lieutenant du Roi d'Italie, en date du 3 septembre 1916, n. 1148, qui édicte la suspension pour toute la durée de la guerre, sauf exceptions à fixer par le Haut Commandement de l'Armée, de tous les procès pour désertion à charge d'italiens extradés par nos alliés. Que l'on oppose surtout à ces vengeances autrichiennes notre décret du Lieutenant du Roi du 3 septembre 1916, n. 1215, relatif à la pension alimentaire due aux familles des officiers déserteurs ; et l'on aura un éloquent terme de comparaison entre la bienveillante longanimité de l'Italie et la cruauté vindicative de nos ennemis, envers les nationaux soumis à jugement pour inculpation de crime contre la sûreté de l'Etat.

Tandis que l'Autriche sévit contre les familles demeurées dans le pays, pour tirer vengeance d'un inculpé évadé du territoire et pour lui infliger une torture morale qui pour un cœur de père, d'époux, de fils ou de frère, se montre plus cruelle que la condamnation la plus sévère, et n'hésite pas même, en face de tels excès, à répandre autour de la famille du fugitif une terreur qui puisse dissuader toute autre personne à l'imiter, l'Italie non seulement considère comme une impossibilité d'exercer une vengeance sur les familles innocentes, mais encore, et alors même que leur chef s'est souillé de l'acte le plus déshonorant pour un soldat, pourvoit à leur entretien.

Ainsi, deux consciences diverses et deux habitudes contraires de gouvernement, prédisposant les deux peuples et les deux gouvernements à une opposition de doctrine, et à une application contraire du droit d'exception institué par l'état de guerre dans les relations intérieures, les préparaient également à une opposition complète de leur conduite, dans leurs rapports avec l'ennemi.

III.

Usage d'armes et munitions interdites. Projectiles déformés ou explosifs. Masses ferrées.

Loyauté des moyens, respect des traités, et pitié envers l'ennemi réduit à l'impossibilité de nuire, ces expressions résument dans cette guerre l'attitude de notre armée et reflétent les sentiments de notre peuple. C'est dans des sentiments tout autres et des conceptions opposées qu'a trouvé son inspiration, dès le début de la guerre, et s'inspire encore avec persistance, la conduite de notre ennemi. Considérons, comme point de départ de cette enquête, les obligations solennellement assumées par les deux Etats dans la Déclaration de St.-Pétersbourg et les Conventions de la Haye et de Genève ; nous pourrons ensuite, à la clarté de ces engagements, juger la conduite des deux belligérants.

La Déclaration de St.-Pétersbourg du 11 décembre 1868 interdisait aux troupes de terre ou de mer l'usage de projectiles d'un poids inférieur à 400 grammes, qu'ils fussent explosifs ou chargés de matières fulminantes ou inflammables. Le Règlement-type, annexé à la quatrième Convention de la Haye (1907), fait défense absolue (article 23) de « se servir d'armes, projectiles ou substances capables de causer des maux superflus ». La Déclaration de St.-Pétersbourg, qui trouva son complément dans le contenu de cette clause, est d'ailleurs clairement confirmée par les Actes de la Haye de 1899 et 1907 qui, après avoir énuméré les hostilités particulièrement interdites (art. 23), ne stipulent point de nouvelles règles en remplacement des anciennes, mais les ajoutent « aux prohibitions établies par des Conventions spéciales ».

Les projectiles explosifs qui produisent, par l'effet de leur explosion, une énorme lacération des membres blessés, qui brisent les os et laissent au sein des chairs molles tous les produits de la combustion, sont donc spécifiquement exclus des feux d'infanterie. Et une telle prohibition répond à l'humanité de la guerre, car, tandis que la blessure causée par un projectile non explosif suffit à mettre la personne blessée hors de combat, celle d'un projectile explosif non seulement compromet la guérison future de la plaie, mais, par le rapide développement de très graves phlegmons gazeux, détermine aussi un péril immédiat pour l'existence du blessé.

En outre de ces projectiles, sont indubitablement visés aussi, par les prohibitions de l'article 23 du Règlement de la Haye, les projectiles pour fusil, carabine ou pistolet qui, bien que non explosifs, sont tels, par l'irrégularité de leur surface ou les incisions pratiquées à leur extrémité, qu'ils s'écrasent et se dilatent à l'intérieur des parties lésées et peuvent, en introduisant du plomb liquéfié dans la blessure, y provoquer des extensions sinueuses, causes de souffrances cruelles, et, même quand ils ne produisent pas des conséquences fatales pour l'existence, déterminer la perte définitive du membre blessé.

Les troupes italiennes ont engagé les hostilités en observant scrupuleusement ces prohibitions, qui, du reste, sont reproduites en substance dans le Règlement pour le service en campagne (Ière partie, division a, services des troupes, § 368, page 178), où l'on lit ce qui suit : « Est proscrit comme moyen barbare l'emploi d'armes, de projectiles et de substances capables de causer des maux non nécessaires ».

L'armée ennemie, au contraire, a violé dès le début de la guerre les clauses en vigueur et les engagements pris, en faisant usage de projectiles explosifs comme de projectiles déformés. Les uns et les autres ont été trouvés, dès les premières hostilités, dans les cartouchières des soldats autrichiens tués sur le front italien, et la même constatation a été confirmée séparément et cumulativement par les professeurs suisses Reiss et Sandy, au cours de leur mission en Serbie, comme l'a exposé amplement le Dr. Sandy dans le *Journal de Médecine*.

Dans cette voie, les autrichiens sont allés plus loin que leurs alliés, qui fabriquent très peu de cartouches *dum-dum* et seulement pour les mitrailleuses. Dans l'impossibilité où ils se trouvaient de nier leur emploi de projectiles déformés dans les feux d'infanterie, ils ont tenté cette excuse (inadmissible, vu la fréquence et l'extension de leur emploi), que les déformations peuvent être produites par l'initiative de soldats isolés ou par une disposition arbitraire de quelque officier subalterne. Mais aucune de ces excuses ne saurait valoir pour l'usage des projectiles explosifs, dont est évidemment responsable, non celui qui ne s'en sert pas et ne pourrait se les procurer de sa propre initiative, mais le gouvernement qui les a fait fabriquer et qui seul pouvait en ordonner la distribution.

Dans l'emploi de ces deux espèces de projectiles, les troupes autrichiennes ont persisté, donnant ainsi la plus évidente démonstration du propos délibéré de méconnaître, dans le choix des moyens de combat, les engagements les plus solennels signés dans les Traités et les prohibitions humanitaires les plus impérieuses. Le 8 mai 1916, au 18ᵉ bataillon de Bersagliers, un médecin militaire constatait sur le corps du capitaine Giovanni Accorsi, du 25ᵉ bataillon, aussitôt après sa mort, des blessures irrégulièrement circulaires à bords écharpés, produites par des projectiles déformés, et en adressait immédiatement son rapport au commandant du bataillon.

Quant aux projectiles explosifs, le médecin-chef de l'ambulance de campagne n. 237, dans son rapport du 22 novembre 1915, déclarait que, pendant les mois de juillet et d'août, il avait constaté de *très nombreuses* blessures produites par ces projectiles, dont il n'hésitait pas à qualifier les effets de terrifiants. La même conclusion résulte de deux rapports des 16 et 19 septembre 1916, rédigés par le chef du service de santé du 129ᵉ rég.ᵗ d'infanterie, au sujet de l'examen de cinq blessures dues à des projectiles explosifs, et d'un rapport en date du 17 septembre 1916 émanant du chef de santé du 213ᵉ rég.ᵗ d'infanterie, relatif à l'examen de six autres italiens blessés sur le Plateau d'Asiago. L'auteur de ce dernier rapport fait observer que « même des blessures qui en soi seraient d'une faible gravité sont rendues dans ce cas

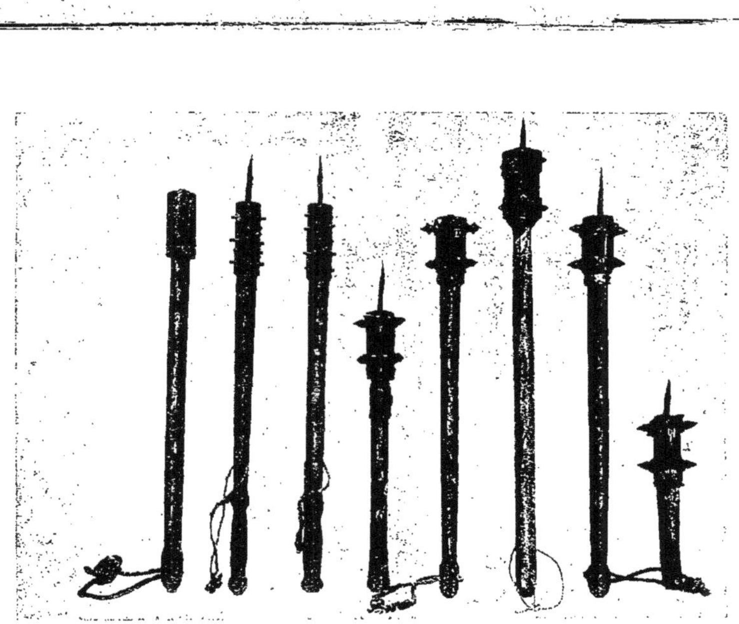

Massues employées par l'Armée austro-hongroise sur le ront italien pour achever les blessés.

assez graves par les lacérations étendues des tissus et
l'abondance de l'hémorrhagie. Il faut mentionner aussi
à ce sujet l'interrogatoire d'un déserteur autrichien communiqué au Généralissime le 5 novembre 1916 par le
Commandement en chef des armées alliées. De cet interrogatoire il résulte que, dans certaines unités de l'armée austro-hongroise, tous les sous-officiers et caporaux
sont munis de chargeurs dont le premier projectile est
explosif, dans le but de régler plus facilement le tir, et
les soldats ont une ration individuelle de 34 balles explosives, dont ils exaltent l'efficacité.

Il ne faudrait pas croire que l'ennemi ait renoncé à
l'emploi des projectiles explosifs ou l'ait atténué dans la
suite. Il a été démontré, par une déclaration médicale
délivrée au sergent-aviateur Cremonesi par le médecin-
chef de l'Hôpital militaire d'étape de Bellune, que l'Autriche en faisait usage, pour le tir de mitrailleuse dans la
guerre aérienne, vers la fin de la seconde année de guerre.
Cette déclaration, en date du 21 mars 1917, établissait que
la blessure reçue par M. Cremonesi en combat aérien le
24 février 1917, et à la suite de laquelle il avait été admis
dans cet hôpital, était due à une balle explosive.

Et que l'usage de ces projectiles n'ait point été abandonné dans la suite pour les feux d'infanterie, cela ressort
clairement d'un rapport du 10 avril 1917, émané du
médecin-chef de l'hôpital de campagne n. 040, relatif au
soldat Baldan Mario, blessé par une balle de fusil dans la
matinée du 5 mars 1917. La nature du projectile qui l'avait
frappé était révélée par l'orifice d'entrée à bords irréguliers que presentait l'abdomen, et par l'état de l'intestin
qui s'en était épanché sur une longueur de plus de trente
centimètres, et qui se montrait criblé de petites perfora-
tions. La forme et la multiplicité des lacérations dénonçait

donc de la manière la plus certaine la persistance chez l'ennemi de l'emploi de projectiles explosifs qui, également dans le cas de Baldan, rendit vain tout secours chirurgical tenté pour sauver l'existence du blessé.

C'est en violation des mêmes règles que les Autrichiens ont fait usage, sur tout le front italien, de projectiles d'artillerie remplis à l'intérieur de dés métalliques de forme cubique à arêtes vives, au lieu des balles sphériques ordinaires, ou contenant des fragments d'acier à bords coupants et jusqu'à des clous ou paquets de petits clous. Le 3 mai 1916, le médecin-major du 2ème Bersagliers, 53e bataillon, signalait la mort d'un bersaglier causée par de larges blessures, à anfractuosités et bords irréguliers, produites par des dés à arêtes vives de forme quadrangulaire et de forme cubique, provenant de l'éclatement d'un shrapnel ennemi. Le 22 mai, d'autres blessures multiples, dues à des projectiles identiques, étaient signalées sur un officier du 115e rég.t d'infanterie, par le médecin-chef de l'hôpital de campagne n. 105. Ces dés, dont plusieurs spécimens ont été recueillis et sont conservés au Quartier Général, produisent des blessures extrêmement douloureuses et irréparablement graves ; elles détruisent les tissus et déterminent, même quand la vie du blessé peut être sauvée, des lésions permanentes. Le médecin-major de première classe Roberto Alessandri, qui en rendit compte dans le *Giornale di medicina militare* (n.º de janvier 1917), y relève une preuve de la tendance de l'ennemi « à rechercher les plus graves dommages dans la production des blessures, au mépris de toute convention et de toute loi d'humanité ».

La même tendance encore se manifestait chez l'ennemi dans l'emploi de projectiles renversés pour le fusil, dont le même médecin-major apportait deux preuves. La première résultait de l'examen de cinq blessés qui ne pouvaient avoir été frappés de projectiles qui se seraient renversés au cours de leur trajectoire, parce que cette dernière avait été très brève, et que le projectile autrichien ne présente pas, comme celui de l'armée allemande, qui a forme cylindro-conique, un déséquilibre de poids entre les deux extrémités qui rend possible son renversement avant qu'il ait atteint son but. La seconde preuve était fournie, d'une façon définitive, par *le corps même du délit*. Un officier alpin blessé lui remit un de ces projectiles qu'au cours des actions livrées sur les Alpes de Fassa en septembre 1916, il avait saisi dans la cartouchière d'un prisonnier autrichien. La balle renversée se trouvait, dans ce projectile, fixée à la douille de telle manière qu'elle emportait, pour qui l'examinait et ne pouvait réussir à l'ébranler ni à l'extraire, la certitude que ce renversement n'était point l'œuvre individuelle du soldat qui en était porteur, mais que plutôt ces projectiles avaient été distribués dans ces conditions aux troupes combattantes.

A ces horreurs est venue s'ajouter plus récemment la honte des masses ferrées, dont l'emploi fut constaté pour la première fois durant l'attaque du Carso du 29 juin 1916. L'origine de cet instrument, destiné à achever les ennemis blessés ou évanouis sous l'action des gaz délétères, a révélé l'association dans un commun artifice satanique d'une armée dénuée de tout sentiment humain et d'un gouvernement privé de toute conscience.

Dans une correspondance de la *Zeit* du 30 juin 1916 on racontait, en effet, que l'archiduc Eugène avait eu l'occasion d'admirer un nouvel engin de guerre, le *Streitkolben*, dû au génie inventif de ses soldats. « Cet instrument —disait le correspondant — a été employé pour la première fois sur l'Isonzo, alors que nos soldats se trouvaient dans l'impossibilité d'utiliser leurs fusils. Ils prirent alors des tubes à gaz, les coupèrent en fragments maniables, et les adaptèrent à l'extrémité de masses de bois, les fixant au moyen de clous, à la manière du *Morgenstern* du Moyen-Age, en usage dans toutes les guerres d'Europe jusqu'à la fin du XV° siècle ». Quelle décision aurait dû prendre alors un Commandement conscient des devoirs de loyauté et d'humanité qui lui incombaient, même en dehors de tout engagement dérivant de traités diplomatiques ? Quel ordre aurait dû donner un gouvernement soucieux des obligations acceptées (Règlement de la Haye, art. 23 *c*) de « ne tuer ni blesser un ennemi qui a déjà déposé les armes ou *n'a plus le moyen de se défendre ?* » Et, si même ce gouvernement avait cru pouvoir admettre (chose assez douteuse) qu'on eût recours à ces engins dans l'occasion d'une exceptionnelle impossibilité de faire usage des armes à feu, ou de pourvoir autrement a la défense à faible distance, il eût dû en défendre absolument l'usage, dans les conditions normales de la lutte, en vue d'achever un ennemi déjà mis hors d'état de se défendre ou d'attaquer. Tout au contraire, le Commandement autrichien vit dans cet engin grossier le type rudimentaire d'une arme nouvelle qui méritait d'être perfectionnée. Et il la fit perfectionner, pour la plus grande gloire des massacreurs de blessés et d'asphyxiés, s'efforçant de la rendre toujours plus meurtrière. De cet effort convergent de génialité inventive et de technique constructive naquirent quatre types de masses ferrées. Au premier, muni de pointes écrasées, type de départ, pourrait-on dire, fut substitué un second type aux pointes aiguisées. Puis on ajouta une pointe encore au sommet de la massue, et l'on fixa les autres pointes sur deux armatures circulaires, et par la suite on créa un autre type à tête sphérique munie de pointes aigues. Ces instruments de torture et d'extermination furent trouvés par nos troupes dans les tranchées autrichiennes du Podgora, du Sabotino et du San Michele, et pourront rester dans nos musées d'armes, pour la honte éternelle des barbares qui les inventèrent et les perfectionnèrent, et de ceux qui en permirent ou en ordonnèrent l'emploi dans une guerre entre peuples européens à l'aurore du XXe siècle.

Mais il n'est pas suffisant que quelques exemplaires de cet engin soient conservés, pour assurer la condamnation de notre ennemi dans l'esprit de la postérité. Qui a dû en expérimenter l'usage à ses dépens a le droit et le devoir de dénoncer dès maintenant de tels crimes, invraisemblables, quoique vrais, au jugement des contemporains incrédules.

Déjà M. Richard Bagot, dans le *Times*, définissait les masses ferrées : *cet abominable instrument dont les troupes autrichiennes ont été récemment munies en grand nombre.*[1] Et, après avoir fait remarquer que ces engins ne peuvent servir que *dans le but de tuer les soldats italiens réduits à l'impuissance par le gaz et achever les blessés,*[2] il affirmait avoir constaté, dans ses visites des hopitaux militaires de Bologne, de nombreux et horribles cas de blessures lacérées et empoisonnées par les projectiles employés par les troupes autrichiennes, au mépris des engagements les plus solennels. Et il concluait en affirmant que *l'emploi des balles soit explosives ou sous d'autres formes détestables et illégales tend à devenir la règle, plutôt que*

---

[1] « The abominable instrument with which the austrian troops have lately been provided in large numbers ».

[2] « For the purpose of killing italian soldiers rendered helpless by gas, and also employed to kill the wounded ».

l'exception, chez les troupes austro-hongroises opposées aux Italiens.[1]

Ces violations, lorsqu'elles seront universellement connues, devront à bon droit susciter dans le monde la réprobation que, pour d'autres armes, le poète exprimait dans ce cri :

> Comment as-tu pu, ô scélérate et laide
> Invention, trouver place dans un cœur humain ?
> A cause de toi, la gloire militaire est détruite !
> A cause de toi, le métier des armes est sans honneur ![2]

IV.

La lutte déloyale. — Gaz asphyxiants.

Dans tous les autres genres de férocité inutile et de ruse déloyale, notre ennemi a voulu s'assurer le privilège d'une initiative à laquelle, en certaines formes abjectes et cruelles de tromperie, ne pouvait pas même correspondre toujours, de la part d'un adversaire soucieux de son honneur et de sa renommée, la réaction d'une représaille appropriée. Dès le début de la campagne, le Commandement en Chef de notre armée constatait, et dans le communiqué du 27 juin 1915 dénonçait, qu'« en plusieurs zônes du front de l'Isonzo on avait constaté l'emploi, par l'adversaire, d'obus à gaz sulfureux asphyxiants ». La

---

[1] « The use of explosive and other detestable and illegal forms of bullets, is becoming the rule rather than the exception, among the Austrian-Hungarian troops opposed to the Italians ».

[2]
> « Come trovasti, o scellerata e brutta
> Invenzion, mai posto in uman cuore ?
> Per te la militar gloria è distrutta !
> Per te il mestier dell'arme è senza onore ! »

même constatation reparaissait dans le communiqué du 26 juillet relatif aux combats livrés sur le bas Isonzo, où l'adversaire avait fait usage de bombes et d'obus dégageant des gaz asphyxiants, contre lesquels nos troupes, désormais averties des méthodes de guerre de l'ennemi, s'étaient protégées au moyen de masques ». Le 3 août 1915, annonçant le succès remporté quatre jours auparavant à Forcella Cianalot, le communiqué officiel ajoutait que « les deux jours suivants, l'artillerie ennemie postée dans les environs de Malborghetto, avait longtemps battu la Forcella, employant encore des projectiles à gaz asphyxiants ». Et le communiqué du 14 septembre, complétant la nouvelle relative à notre offensive des 11 et 12 dans la Conca di Plezzo, relevait combien les difficultés surmontées par nos troupes avaient été plus graves, ayant devant elles un adversaire qui n'hésitait point « à se servir de tous les moyens, même les plus atroces, tels que les bombes asphyxiantes et les liquides enflammés ». Contre de tels abus, dans l'excès desquels les Austro-Hongrois rivalisaient avec leurs alliés, s'élevait énergiquement le général (aujourd'hui Lord) French, dans son rapport sur la seconde bataille d'Ypres ; il y déplorait « que ces combats eussent été caractérisés, du fait de l'ennemi, par une flagrante violation des Conventions de la Haye, et par un cynique et barbare mépris des coutumes de guerre traditionnelles parmi les nations civilisées ». « Toute les ressources scientifiques de l'Allemagne — écrivait-il — ont été mises à contribution pour produire des gaz d'une nature si puissamment vénéneuse, qu'ils paralysent immédiatement les ennemis qui en sont accablés, et les condamnent ensuite à subir, par leurs effets ultérieurs, les plus atroces tortures ». Et il concluait : « La surprise et le plus profond regret agitent à la fois mon cœur de soldat, à la vue d'un ennemi qui se prétendait le modèle de la correction et de la loyauté, et qui s'est avili au point de recourir à de tels moyens contre de valeureux et chevaleresques adversaires ! »

Pour comprendre à quel point est juste la sévérité de ce jugement, il est nécessaire de considérer l'effet des gaz par comparaison avec les autres moyens employés jusqu'alors et considérés légitimes dans la conduite de la guerre. De cette confrontation apparaît évidente la raison pour laquelle on ne peut déclarer la condamnation des gaz asphyxiants effet d'un misonéisme belliqueux, analogue à celui qui en d'autres temps a conduit tant de nobles âmes à réprouver l'usage d'autres armes nouvelles ; au contraire, il faut l'envisager comme justifiée pleinement par les lois immuables de la rectitude et de la loyauté. L'usage des gaz n'est pas un nouveau moyen de guerre dont on puisse trouver juste que celui qu'en a eu l'initiative ait aussi l'avantage dans le combat, mais il constitue une forme dégénérée d'hostilité qui, tant par son caractère déloyal que par l'excès d'étendue, d'intensité et de durée de ses effets, est en opposition non seulement avec le droit de la guerre qui, par l'effet des traités internationaux déjà stipulés entre les belligérants, devrait les lier également tous, mais aussi avec les principes les plus essentiels qui animent la civilisation contemporaine.

La notion fondamentale de distinction entre les hostilités licites et les hostilités illicites s'inspire des nécessités de la victoire combinées avec les exigences de l'humanité, et exclut par là même tous les massacres et toutes les souffrances volontairement infligées à l'ennemi sans être indispensables aux fins de la victoire. Les Instructions officielles de 1863, pour les troupes combattantes des Etats-Unis d'Amérique, s'inspirent de cette idée lorsqu'elles reconnaissent (art. 16) que « les nécessités militaires n'autorisent point à commettre des actes de cruauté ». La Déclaration de St.-Pétersbourg de 1868 formulait le même principe en admettant que les fins des Etats belligérants seraient « dépassées par l'emploi d'armes qui aggraveraient inutilement les souffrances des hommes mis hors de combat, ou rendraient leur mort inévitable ». Et l'article 23 *a* et *e* du Règlement de la Haye, s'inspirant de la même idée, interdisait l'usage, contre l'ennemi, des poisons et défendait d'employer « des substances capables de causer des maux superflus ». Pour pouvoir considérer illégitime l'usage des gaz asphyxiants, il suffit donc d'invoquer le texte du Règlement de la Haye, et point n'est besoin de recourir à la Déclaration formulée à la Haye en 1899 : « interdisant les projectiles qui ont pour but unique de répandre des gaz asphyxiants ou délétères », déclaration qui a été adoptée pour une durée indéfinie, mais à l'égard de laquelle on pouvait douter si au début de cette guerre elle allait être considérée contraignante par tous les belligérants actuels.

Les dispositions du Règlement de la Haye impliquaient, au contraire, pour tous les Etats belligérants, cette interdiction, parce que précisément l'usage des gaz asphyxiants est usage de poisons, aggravé du mode d'emploi, qui constitue un attentat non à la vie des combattants ennemis seuls, mais de toute une masse de combattants, leur rayon d'action délétère étant de cinq kilomètres, et leur rayon d'action mortelle d'un kilomètre. Sur les premières lignes frappées, entre ces limites, l'effet est si foudroyant, comme l'expose un rapport du 30 juin 1916 du commandant de la 21e division d'infanterie, que plusieurs cadavres y furent trouvés dans l'attitude du soldat qui vise. En outre, les gaz, après avoir mis hors de combat ceux qui les ont respirés, aggravent ensuite les souffrances des survivants, en insinuant dans leur organisme les germes de graves infirmités. En effet, même lorsque la personne lésée ne succombe pas à l'inspiration méphytique des gaz, elle reste longtemps sous l'effet de l'intoxication ; et il en dérive, même dans les cas les moins graves, des troubles des organes respiratoires, circulatoires, et digestifs, l'enflure du foie, des désordres dans les reins. Tantôt les effets toxiques se manifestent sous la forme d'un oedème pulmonaire qui conduit rapidement le malade à la mort ; tantôt le martyre est plus long, et les poses macabres des cadavres trouvés sur le champ de bataille démontrent souvent quelles souffrances atroces ont ajouté chez ces victimes leur cruauté au passage de la vie à la mort.

L'obstination à recourir à ces moyens hostiles, illégitimes et cruels, dont l'ennemi a fait montre, tout en étant de nature à justifier, même de la part du plus scrupuleux adversaire, l'exercice de représailles, devait démontrer aussi aux neutres les plus indulgents que la conduite de l'armée austro-hongroise avait été, dès le début, voulue et préméditée. Après une année de guerre, en effet, sourde à toutes les dénonciations, indifférente à toutes les protestations, elle continuait à faire sur le Carso le plus large usage des gaz asphyxiants et vénéneux. Notre Haut-Commandement réussissait à obtenir la preuve de la préparation de ces moyens hostiles en Autriche dès le commencement de la guerre, et il en donnait publiquement la démonstration par une note du 29 juin 1916 relative à l'attaque au moyen de gaz asphyxiants dans le secteur du Carso. Il résulte de cette note que, dès le début des hostilités, il existait déjà dans l'armée ennemie un bataillon spécialisé pour l'emploi des gaz, organisé à Krems sur le Danube par des officiers allemands. En juin 1916, ce détachement fut amené en secret sur le front de l'Isonzo. L'attaque au moyen des gaz fut alors préparée avec un soin méticuleux par le commandement autrichien ; de nombreuses expériences furent successivement faites, à l'une desquelles, dans le voisinage de Segeti, assistèrent le général Boroevitch commandant l'armée du Bas-Isonzo, et l'archiduc Joseph, commandant le VIIe Corps. Une conférence sur l'emploi de ces gaz fut faite à Biglia aux officiers de la 15e Division Honved, désignée pour l'attaque. Nombreux furent les officiers qui jugèrent les effets de cet empoisonnement collectif si contraires aux lois élémentaires de l'honnêteté du combat, qu'ils n'hésitèrent pas à exprimer leur réprobation ; et le général Sarkany, commandant la 18e Brigade Honved, plutôt que d'agir contrairement à sa conscience de soldat, demanda instamment à être relevé de son commandement. Mais on ne tint nul compte de ces protestations. Le dépôt principal des gaz fut établi à Lubiana ; un dépôt avancé à Ranziano ; et les installations pour l'attaque contre nos lignes, dans le secteur du San Michele et de San Martino del Carso. Les gaz à haute pression étaient comprimés dans des bombonnes métalliques, et celles-ci, placées pendant la nuit du 26 juin dans des caisses de bois protégées par des sacs à terre contre des tirs éventuels de notre artillerie, furent disposées aux points les plus convenables à l'émission des gaz. On attendit le vent favorable, et la tentative fut effectuée dans la matinée du 29 juin. De fortes masses de vapeurs furent alors lancées à l'improviste : favorisées par le vent, elles envahirent nos lignes, et, à leur suite, les détachements spéciaux munis de masses ferrées se ruèrent, avec l'ordre d'achever à coups d'assommoir ceux des nôtres qui gisaient à terre inanimés. Après une telle constatation, notre Commandement pouvait à bon droit affirmer que le 29 juin 1916 resterait mémorable dans l'histoire de notre guerre, pour la preuve de solidité, de courage et d'élan que nos troupes fournirent ce jour-là, et pour la démonstration de cynique déloyauté et de férocité brutale à laquelle s'était le même jour abandonné notre ennemi.

V.

La ruse déloyale.
Faux usage du drapeau ennemi.

Il était naturel qu'un ennemi qui s'était montré aussi inaccessible à tout scrupule dans le barbare emploi de la force, dût se révéler non moins cynique dans l'usage déloyal de la ruse. Après être passé, dans les actes d'hostilité ouverte, de l'offensive et de la défensive légitimes à la cruauté la plus impitoyable, il n'hésita pas à descendre dans la tromperie jusqu'à l'infamie de la trahison.

La distinction entre les ruses de guerre que l'on peut considérer légitimes, et celles qu'il faut réprouver comme incompatibles avec la loyauté du combat, ne saurait être ni difficile ni incertaine, car elle trouve sa claire inspiration dans l'intuition de la conscience et dans ce sentiment de l'honneur militaire qui, sans dédaigner l'astuce, répugne spontanément à la tromperie déloyale. Chaque fois que la ruse se trouve contaminée de perfidie, le belligérant honnête la dédaigne ; et le combattant qui se laisse aller à y recourir en reste déshonoré et moralement disqualifié.

Cette distinction entre ruses légitimes et ruses interdites, bien que ne pouvant être analysée une fois pour toutes, en une casuistique complète, n'a jamais laissé dans l'incertitude, même en l'absence de toute formulation explicite de règles codifiées, la conscience avertie des combattants ou le jugement droit des neutres. Dans les usages de guerre de nombreux peuples contemporains de l'Afrique et de l'Australie, considérés par nous comme primitifs et sauvages, la ruse de guerre est en maintes occasions tempérée par la loyauté ; et l'histoire atteste l'influence du même élément modérateur dans les usages guerriers des peuples antiques. Il nous suffira de rappeler à ce propos, pour ne pas mentionner tant d'autres auteurs moins récents, les études si complètes de Coleman Philippson, sur le droit international des Grecs et des Romains.

Les troupes austro-hongroises, en recourant aux ruses les plus déloyales contre nous, violaient l'engagement que les représentants de leur pays avaient solennellement contracté à la Haye en 1899, engagement confirmé en termes identiques en 1907, de considérer légitimes (article 24 du Règlement) les stratagèmes de guerre et l'usage des moyens nécessaires pour se procurer des informations sur l'ennemi et sur le terrain, mais de s'abstenir d'« user indûment du fanion de parlementaire, du drapeau national et des insignes militaires et uniformes de l'ennemi » (art. 23 *f*). Mais, dans sa conduite, notre ennemi viola bien autre chose et bien plus qu'une règle récemment acceptée en conférence diplomatique ; il viola aussi une loi consacrée par la coutume avant qu'existât ou fût même crue possible une codification des coutumes de guerre, et dont l'observation a caractérisé en tout temps la loyauté et la respectabilité des combattants.

C'est à ces principes de justice et d'honneur qui découlent de la conscience, que faisait appel, quatre siècles avant le Christ, le roi des Perses, quand il accusait les Spartiates d'avoir violé, en la personne de ses représentants, *les lois de tout le genre humain*. Cependant, dès le début même des hostilités présentes, nos ennemis n'eurent pas honte de recourir contre nous à des actes que l'humanité depuis vingt-trois siècles, réprouve comme illicites et honteux.

Le 15 juin 1915, le drapeau blanc fut hissé sur une forte redoute autrichienne réduite au silence par notre artillerie ; près de lui se tenaient deux officiers supérieurs, comme attendant d'en pouvoir effectuer la reddition. Mais, tandis que nos alpins s'avançaient vers ce groupe, confiants dans la sauve-garde du drapeau flottant, d'un lieu caché fut dirigé contre eux un feu rapide et bien nourri de mitrailleuse. Le lendemain à midi, d'un fortin situé plus bas, fut tendu le même piège, pour faire avancer les nôtres à découvert. Si les nôtres ne tombèrent pas, cette fois encore, dans l'infâme embûche que leur tendait l'ennemi, ils ne durent leur salut qu'à l'expérience acquise dans la trahison de la veille. Induits en effet à la défiance, ils feignirent d'avancer, mais, parvenus à mi-chemin du fortin, ils s'arrêtèrent subitement ; en sorte que l'ennemi, faisant éclater les mines, demeura à la fois avec son infamie et la honte de l'échec de sa vile tentative, et le regret d'assister à la destruction du fort, opérée par une prompte reprise de notre bombardement.

Notre Commandement eut par la suite d'autres occasions de dénoncer la conduite déloyale des ennemis qui, talonnés par notre infanterie, levèrent pendant l'action les bras en signe de reddition, dans le but de faire approcher nos soldats, et de démasquer alors les troupes préparées derrière eux pour les frapper traîtreusement.

L'ennemi persista à tel point dans ce système de simuler la reddition en plaçant sur le front de combat une ligne de troupes les bras levés, sur les flancs de laquelle étaient dissimulés d'autres détachements prêts à l'attaque, que le Chef d'Etat-Major de notre armée en avertissait officiers et soldats par une circulaire spéciale, dès le 5 juillet 1915, et le qualifiait de « piège usé qui ne doit plus tromper personne ».

Comme des signaux de reddition, nos ennemis ont sans hésiter abusé aussi de notre drapeau national. Dans la matinée du 14 septembre 1915, un aéroplane ennemi marqué de nos couleurs appliquait cette ruse déloyale à la guerre aérienne ; au début de novembre un autre aéroplane, semblablement déguisé, lançait des bombes sur une de nos batteries dans le voisinage de Plava ; peu à peu cet abus devint systématique. L'excuse présentée, qu'il ne s'agissait point des couleurs italiennes, mais des couleurs hongroises, identiques aux nôtres, n'est qu'une preuve nouvelle de la perfidie raffinée de l'ennemi. Les couleurs en effet sont identiques sur les deux drapeaux, mais dans le drapeau hongrois, elles sont disposées verticalement, tandis qu'elles figurent horizontalement sur le nôtre. La disposition horizontale des couleurs sur l'aéroplane révélait donc le raffinement de mauvause foi chez l'ennemi, qui se proposait ainsi d'éviter notre hostilité jusqu'au moment jugé opportun pour dévoiler la sienne sous la protection de ce mensonge.

Pour achever de qualifier la déloyauté de notre ennemi, il faut rappeler les faits caractéristiques de la guerre maritime, avant que, sous l'effet des représailles, il n'y eût renoncé. Les cas du *Firenze* et de la *Bosnia* ; celui de l'*Ancona*, dénoncé le 14 novembre 1915 dans une communication du Gouvernement italien aux Etats neutres, et celui du *Letimbro*, rapporté par M. Battaglieri en réponse à une interrogation de M. Canevari dans la séance de la Chambre des Députés du 11 novembre 1916, sont tout particulièrement typiques.

Le *Firenze*, vapeur de la Compagnie *Marittima Italiana*, en route pour Port-Saïd, fut coulé le 9 novembre 1915 par un submersible porteur du pavillon autrichien ; quinze personnes de l'équipage sur cent onze et six passagers sur trente-quatre périrent noyés. Le jour suivant, le vapeur *Bosnia* de la Compagnie *Società Italiana dei Servizi Marittimi*, au cours de sa traversée de Naples à Alexandrie fut coulé par un submersible autrichien au sud de l'île de Candie ; mais tant l'équipage que les passagers réussirent à prendre place dans les chaloupes de sauvetage et parvinrent le 14 à la Canée.

L'*Ancona*, navire marchand qui ne portait ni contrebande ni militaire d'aucune sorte, était en route pour New-York et se dirigeait, le 7 novembre 1915, vers l'occident entre la Sardaigne et la côte de Tunisie, lorsqu'il fut attaqué, sans aucun avis, par un sous-marin ennemi. Les chaloupes mêmes, où les passagers s'étaient réfugiés, ne furent pas épargnées. Beaucoup de ces naufragés furent tués ou blessés, et ceux qui, implorant la pitié, s'approchèrent du sous-marin, en furent repoussés par l'équipage, qui ajouta le sarcasme aux souffrances de leur désillusion et de leur martyre. Plus de deux cents personnes, en partie femmes et enfants, qui auraient dû être recueillies et secourues, périrent ainsi, en offense « au droit des gens et à tout sentiment civilisé », comme l'écrivait alors notre Ministre des Affaires Etrangères.

Le *Letimbro*, parti de Bengasi pour Syracuse, le 28 juillet 1916 avec 120 passegers, voyait émerger devant lui, dans la matinée du 30, à 120 milles de la côte, un submersible autrichien qui, sans attendre la reddition, ouvrit immédiatement le feu sur lui. Ayant constaté l'inutilité de la résistance, ce navire arrêta ses machines, hissa le pavillon blanc, et mit à la mer les chaloupes de sauvetage. Mais le submersible ne cessa pas pour cela de tirer. Une des embarcations, déjà en mer, fut fracassée et un grand nombre des personnes qu'elle portait fut tué ; une autre chavira, et finalement, une torpille frappait le navire, qui coula en causant ainsi la mort d'autres passagers. Quatre chaloupes réussirent à échapper à l'extermination ; et les naufragés qui s'y étaient réfugiés errèrent pendant trois jours, jusqu'à ce que les recueillît un vapeur envoyé à leur recherche par le général Ameglio.

Le commandant de ce submersible, insensible aux signaux de reddition, avait délibérément résolu d'exterminer ces naufragés inoffensifs. Et nous voyons ainsi apparaître dans la conduite de l'Autriche ce contraste entre l'emploi trompeur de nos couleurs et des signaux de reddition, auxquels il a recours pour abuser notre bonne foi, et le mépris des mêmes signaux faits honnêtement par nos naufragés, qu'elle sacrifie implacablement, au mépris de tous les principes du droit et de l'humanité.

Mais tous ces actes de cruauté déloyale qui, lorsqu'ils furent commis, suscitèrent des protestations si justifiées et d'aussi unanimes réprobations, devaient plus tard sembler peu de chose auprès de la violation systématique des règles les plus fondamentales du droit maritime de guerre, que les Empire Centraux préparaient. Leurs Gouvernements déclaraient en effet le 31 janvier 1917, que, à dater du lendemain, « ils abandonneraient aussi les restrictions apportées jusqu'alors dans l'emploi de leurs moyens belliqueux sur mer ». L'œuvre destructive des sous-marins était rendue plus âpre par la volonté des Empires Centraux à partir du 1er février ; et elle impliquait, même envers les neutres à destination de la zône de blocus, la sanction du torpillage, qui devenait d'autant plus grave que, par l'effet du caractère fictif du blocus, sa possibilité s'étendait à une immense étendue maritime.

On réaffirmait de cette manière, par un retour que peu d'années auparavant on eût jugé impossible, cette idée du blocus de Cabinet qui, en 1780, avait provoqué la *neutralité armée* constituée pour résister à ses excès, et semblait n'être plus qu'un souvenir après la Déclaration de Paris du 16 avril 1856. Mais après la Déclaration de Londres, de 1909, celle même de Paris, qui pendant soixante ans avait formulé le droit commun de tous les peuples européens, était balayée par une bourrasque infernale qui ne s'est point encore apaisée aujourd'hui.

Selon l'article 4 de cette Déclaration, « le blocus, pour être obligatoire, doit être effectif, c'est-à-dire, maintenu par une force suffisante pour interdire l'accès du littoral ennemi ». Cette règle implique également la condition déjà affirmée par la neutralité armée de 1780, que les navires effectuant le blocus doivent être suffisamment rapprochés pour constituer un péril évident pour les vaisseaux qui tenteraient d'arriver au port ou au littoral bloqué. C'est au mépris de ces règles qui excluaient, par le blocus de Cabinet, celui même des croisières, correspondant alors à l'œuvre actuelle des sous-marins, et n'admettait comme légitime que le blocus effectif, réalisé par des vaisseaux stationnés en nombre suffisant, et assez rapprochés les uns des autres à portée-utile du littoral ennemi, qu'a été délimitée par le mémoire annexé à la note du 31 janvier la zône d'interdiction. Cette dernière comprend tout l'Atlantique oriental au nord de la péninsule ibérique, la moitié occidentale de l'intervalle maritime entre la Scandinavie d'une part et la Grande Bretagne et la France de l'autre, et la Méditerranée tout entière, à l'exception d'une faible zône occidentale délimitée par la côte espagnole, la côte marocaine, la longitude orientale de la plus orientale des îles Baléares, et par une ligne qui, partant de la lisière orientale du Maroc, se dirige vers le Nord-Est jusqu'à son intersection avec la ligne précédente, laissant dans la zône de blocus tous les accès maritimes de l'Algérie.

Sauf cette étroite bande occidentale, la Méditerranée tout entière était donc considérée par l'ennemi comme zône interdite ; et toute l'Italie était désormais considérée territoire bloqué, avec toute la mer environnante. Dans toute cette étendue immense de la Méditerranée, les ennemis s'arrogeaient donc la faculté de couper nos communications pacifiques, et de pratiquer, même aux dépens de la marine marchand neutre, cette politique du torpillage substitué à la capture qui, transformée d'exception en règle, constitue déjà un abus même en ce qui concerne la marine marchande ennemie.

Ainsi commencèrent à se multiplier, contre tout principe de loyauté et d'humanité, les drames de la mer ; et dans la mer sont allées se perdre, avec tant de vaisseaux chargés de cargaisons pacifiques et les marins qui les montaient, et les passagers de toutes nations et de tout âge qui s'y fient, beaucoup d'espérances qui se croyaient sûres et d'illusions qui paraissaient certitudes, au sujet de l'humanité progressive du droit de guerre et du caractère définitif de ses conquêtes.

VI.

La population non combattante.
La guerre aérienne.

La distinction entre Etats belligérants, considérés entre eux comme *ennemis*, et leurs sujets *non traités* réciproquement comme tels, s'ils ne font pas partie directe ou indirecte des forces armées de leur pays, peut être affirmée l'un des progrès les plus notables qu'ait réalisés le droit moderne de la guerre. Portalis, en inaugurant le 11 Floréal, an. VIII, les séances du Conseil français des prises, formulait ce principe en des termes que tous les traités de droit international ont ensuite reproduits : « Entre deux ou plusieurs nations belligérantes, les particuliers dont ces nations se composent ne sont ennemis que par accident ; ils ne le sont point comme hommes ; ils ne le sont pas même comme citoyens ; ils le sont uniquement comme soldats ».

De ce principe dérivent deux conséquences immédiates et nécessaires :

1º Ont qualité de belligérants légitimes les deux armées ennemies, y compris les milices, à condition qu'elles soient organisées conformément aux termes de l'article 1º du Règlement de la Haye ; y compris aussi la levée en masse, c'est-à-dire, la population qui (art. II) à l'approche de l'ennemi, prend spontanément et ouvertement les armes, et respecte les lois et usages de la guerre ;

2º Les habitants non incorporés dans les forces armées de l'Etat doivent s'abstenir de toute participation dissimulée aux hostilités tant que leur territoire n'est pas occupé par l'ennemi ; et, quand cette occupation est accomplie, ils doivent s'abstenir de tout acte hostile. A ces conditions, l'ennemi demeure dans l'obligation de les tenir le plus possible à l'écart des hostilités pendant le combat, et de les traiter, après l'occupation du territoire qu'ils habitent, comme des sujets temporaires, auxquels doit s'étendre sa tutelle juridique.

De ce principe et de cette distinction sont dérivées les règles particulières codifiées qui régissent la coutume de guerre actuellement en vigueur, en ce qui concerne le traitement des populations non combattantes et de la propriété privée et des centres habités n'ayant point caractère militaire : interdiction d'attaquer et de bombarder, par aucun moyen, cités, villages, habitations et édifices (Règlement de la Haye, art. 25, et IX° Convention de la Haye de 1907, concernant le bombardement par des forces navales, art. 1) ; obligation d'avertir les autorités locales, sauf le cas d'assaut, avant de commencer le bombardement (Règlement cit., art. 26, et IX° Convention cit., art. 6) ; obligation d'épargner, autant qu'il est possible, dans les bombardements, les édifices destinés au culte, à l'art, à la science et à la charité, les hopitaux et les monuments historiques (Règlement cit., art. 27, et IX° Convention cit., art. 5) ; enfin, même dans les localités prises d'assaut, obligation de respecter, après la conquête, la propriété privée, et d'empêcher le pillage (Règlement cit., art. 28, et IX° Convention cit., art. 7).

Notre ennemi, violant les plus solennelles promesses et défiant les plus justes et les plus sévères réprobations, n'a tenu aucun compte de ces règles qu'il avait pourtant contribué à formuler et s'était engagé à respecter. Et sa conduite a été à ce point révoltante qu'elle a poussé aux représailles les ennemis les plus longanimes et mis à la plus dure épreuve l'impartialité la plus indulgente des neutres.

Voyons en effet avec quel entêtement l'Autriche-Hongrie a persisté, depuis le commencement de la guerre, dans la violation de tant d'engagements solennels. *Premier engagement*: «ne point bombarder les villes ouvertes». Cette obligation ne peut se dire atténuée du fait que la Déclaration de 1899 (IV, 1), interdisant « de lancer des projectiles et des explosifs du haut des ballons », n'avait engagé les Etats signataires que pour cinq ans, et que la Déclaration analogue (XIV) de 1907, n'a été signée de personne, et a été signée, mais non ratifiée par d'autres que les actuels belligérants, si bien qu'on la pourrait dire non-obligatoire pour tous les Etats engagés dans la présente guerre. En fait, l'obligation de ne point bombarder les cités sans défense, pas même d'appareils volants, demeure également contraignante pour tous, en vertu de l'article 25 du Règlement de la Haye, qui défend d'effectuer ces attaques ou bombardements *par quelques moyens que ce soit*. Aucune argutie d'interprétation ne pouvait donc être invoquée par l'ennemi pour justifier ses attaques de localités ouvertes et sans défense, multipliées par la voie de l'air, dans le seul but de provoquer la terreur et la démoralisation parmi les populations.

Si nombreuses ont été ces attaques illégitimes par terre, par air et par mer, que le 25 décembre 1915 notre Commandement suprême, en réponse aux accusations dirigées contre notre armée par l'association autrichienne de la Croix-Rouge, en démontrait l'inanité, et dénonçait en retour les hostilités autrichiennes « contre des localités non défendues, causant la mort des femmes et des enfants, et le bombardement des villes ouvertes de l'Adriatique, où de nombreuses victimes avaient été faites parmi les habitants, dans le but inepte d'impressionner les populations ».

La guerre était à peine déclarée que la flotte ennemie cannonait Porto Corsini, Ancône et Barletta. Contre Ancône, ville certes inoffensive, vingt-deux unités s'acharnèrent, endommageant les habitations pacifiques et la cathédrale de Saint Cyriaque, frappée à si brève distance, et par conséquent avec une telle clarté de mire, que cela constitue (voir *La Marina Italiana nella guerra europea,* fasc. 1, pp. 10-13) un élément irréfutable de preuve de la préméditation de l'agresseur. Le même jour, de nombreux projectiles furent également lancés contre Numana, petite bourgade de villégiaturants sur le mont Conero, et contre Porto Civitanova et Porto Recanati ; et successivement eurent lieu les bombardements de Rimini, Manfredonia et Bari. Le 18 juin, des navires explorateurs et des contre-torpilleurs bombardaient, en outre, de plusieurs points de la voie ferrée du littoral près de Fano et Pesaro, les villes, absolument sans défense aussi, de Pesaro, Fano et Rimini, où plusieurs victimes furent faites dans la population civile. Le jour suivant, un contre-torpilleur tirait sur Monopoli ; le 23 juillet un explorateur et quatre contre-torpilleurs bombardaient Grottamare, Ortona, San Vito, Termoli, Francavilla, San Benedetto del Tronto et Cupra Marittima ; le 27 juillet étaient bombardés divers points du littoral adriatique compris entre Ancône et Fano et Sinigallia ; l'hospice des vieillards d'Ancône était endommagé. Enfin le 11 août, avait lieu l'incursion contre Bari et Molfetta, avec des dégâts matériels et des victimes dans la population civile. Depuis ce jour l'ennemi s'abstint de ces attaques, non point que le remords l'eût touché, mais parce que le souci de sa sécurité l'en avait persuadé ; et l'on parvient ainsi au

4 février 1916, où eut lieu le bombardement de San Vito Chietino et de la gare d'Ortona.

A cette même méthode qu'il apportait à sa guerre maritime, notre ennemi se conforma constamment dans ses opérations de terre. Le 9 septembre 1915, trois bombes incendiaires étaient lancées sur la riante petite ville de Roncegno, et y provoquaient un incendie qui détruisit une dizaine d'habitations. Le 14 novembre, les villages de Lurca et de Bezzecca, qui n'étaient pas même habités par les troupes, servaient de but à des projectiles de 305 et à des obus incendiaires, et le 16 avaient leur tour, quoique dans les mêmes conditions militaires que les précédentes, les bourgades jadis florissantes de Mossà et de Lucinico. Dans l'offensive sur les hauteurs de Vicence, l'intention féroce de détruire les centres habités, et de ruiner de paisibles populations, parut avec plus d'évidence encore. A Asiago, des dégâts énormes furent produits pendant l'offensive ennemie, et indépendamment des nécessités militaires. Le bombardement commença à l'improviste, au point qu'aucune alerte ne put être donnée à l'avance par les autorités militaires, le 15 mai 1916 à huit heures du matin ; le premier projectile de gros calibre frappait le centre même du village, précisément la petite place Beata Giovanna Maria Bonomo, abattant les maisons et y faisant de nombreuses victimes parmi la population civile. La cannonade continua intermittente pendant trois jours, et le 19 commença le bombardement au moyen d'obus incendiaires ; des incendies se déclarèrent qui envahirent le village tout entier depuis San Rocco jusqu'aux places du Statuto et du Marché, les plus riches d'habitations. Pour alimenter les flammes dévastatrices, vinrent s'y ajouter les bombes incendiaires lancées par les aéroplanes, accourus dans le but évident de rendre inutiles les efforts qui seraient tentés pour dompter le feu ou l'isoler, c'est-à-dire pour satisfaire la malignité brutale de l'agresseur, et sans aucune nécessité ou utilité militaire en vue de l'attaque ou de la protection des assaillants. La même méthode fut appliquée aux localités voisines : les communes de Gallio et de Tresche Conca étaient entièrement détruites et les bois, principale ressource de ces populations, ruinés dans le but unique d'appauvrir pour longtemps la région.

Mais l'ennemi, contraint d'espacer ses attaques navales par la surveillance de notre flotte, et réduit, sauf une seule exception, à la défensive dans sa guerre terrestre, continua sans arrêt à satisfaire sa rage dans la guerre aérienne et à montrer son dédain de tous les principes du droit et de l'humanité, en désolant des lieux sans défense, et en prenant pour objectif, dans les villes fortifiées, ou dotées d'établissements militaires, les édifices mêmes qu'il eût dû épargner. Le commandant Milanesi, illustrant l'œuvre de la Marine italienne dans la guerre européenne, écrivait que « si sur la carte de la côte adriatique on représentait les incursions ennemies par autant de flèches dirigées d'Est à Ouest vers les villes attaquées du haut du ciel, on verrait le littoral tout entier se couvrir de traits noirs ». La seule des localités frappées qui pût offrir un objectif militaire est Brindisi, et elle ne fut visitée que deux fois, au lieu que les localités dénuées de cet objectif : Rimini, Ancône, Ravenne, Porto Corsini, Giovinazzo, Bisceglie, Molfetta et Bari, furent en butte à des attaques fréquentes.

Le 8 juin 1915, un aéroplane ennemi jetait des bombes sur Venise, y endommageait plusieurs maisons et, continuant sa route, allait frapper d'autres points à l'intérieur de la côte. Le 21 août, une escadrille d'aéroplanes volait sur Udine et y lançait quatorze bombes, tuant cinq habitants et causant de graves dommages à la propriété privée. Le 14 septembre, quatre bombes étaient lancées sur Vicence : l'une tombait près de l'hôpital militaire et en endommageait l'oratoire, et une autre près du cimetière. A Venise, le 25 octobre, trois aéroplanes jetaient plusieurs bombes blessant diverses personnes et produisant des dégâts matériels. Et les agressions continuèrent : le 15 novembre, à Brescia, avec une vingtaine de victimes, tant morts que blessés ; le 17 novembre à Bellune ; le 18 à Verone et le 19 à Udine, où furent lancées quinze bombes qui tuèrent 12 personnes et en blessèrent 27 ; le 1er décembre dans diverses bourgades de la Carnie ; le 10 décembre à Ancône avec des dégâts matériels et plusieurs victimes, et le 17 janvier 1916 dans la même ville avec un plus grand nombre de victimes et de graves dommages matériels. Le 14 février, seize victimes étaient faites à Milan par une escadrille qui lançait ensuite deux bombes incendiaires sur Treviglio et trois sur Bergamo, et poussait jusqu'à Schio, où elle frappait plusieurs personnes dans la population civile ; le jour suivant à Rimini ; le 21 du même mois dans la région du lac de Garde à l'Adda, avec plusieurs victimes non militaires dans les localités ouvertes et non défendues de Desenzano, Salò et Trezzo d'Adda.

L'activité aérienne de l'ennemi devenait particulièrement intense au printemps de 1916. Le 27 mars des escadrilles d'aéroplanes volaient de l'Isonzo à la Piave et de l'Adige au Tagliamento ; à Vérone ils lançaient 16 bombes, et frappaient plusieurs citadins et des édifices ; à Pordenone, ils lançaient 4 bombes ; à Udine ils revenaient le 31 et le 2 avril à Vérone ; à Bassano et à Grado le 2 avril ; le jour suivant avait lieu l'agression contre Ancône que notre communiqué officiel n'hésitait pas à qualifier de féroce, pour le propos délibéré de dévastation et de massacre, bien qu'elle n'ait pas causé un grand nombre de victimes humaines. Le 18 avril l'attaque aérienne frappait Trévise ; le 20 Bassano ; le 30 divers petits hameaux du Bas-Isonzo ; le 4 mai Ravenne et Cervia ; le 5 mai Limone, sur le lac de Garde ; le 15 mai Venise ; le 16 Udine ; le 17 Montebelluna ; le 20 Cividale ; le 22 Portogruaro ; le 21 Vicenza, Valdagno et Feltre, et le 25, avec un plus grand nombre de victimes, Bari, où n'était touché aucun édifice ou établissement d'intérêt militaire, mais où plusieurs édifices de propriété privée étaient endommagés et 40 personnes, dont une moitié appartenait à la population civile, restaient frappées. Dans la matinée du 20 juin, Padoue était attaquée pour la première fois ; deux bombes, lancées par un aéroplane, frappaient cinq ouvriers : trois jours plus tard, Venise était visitée une fois de plus, et enregistrait six morts, plusieurs blessés, et de notables dommages à la propriété privée. Le 14 juillet, une escadrille nombreuse revenait dans la soirée et laissait tomber cent-dix bombes. Mais la férocité de l'ennemi se révéla plus clairement encore, sinon par l'intensité du bombardement, du moins par la gravité de ses conséquences, lors de la seconde incursion sur Padoue le 11 novembre 1916. Vers huit heures du soir, l'alerte fut immédiatement suivie du bombardement d'une escadrille d'avions qui, en peu d'instants, jetant plusieurs bombes incendiaires en divers points de la ville, accomplissait son massacre, et se retirait devant la prompte réaction de l'artillerie anti-aérienne. C'est sur Padoue, ville non fortifiée, et qui pour le nombre considérable d'édifices transformés en hopitaux aurait eu le droit le plus évident à être respectée, que s'acharna l'ennemi dans la soirée de ce même jour, doublement férié par la fête patronymique de St.-Martin et l'anniversaire de la naissance de notre Roi, alors que la foule répandue dans les rues offrait à sa férocité un but plus riche. Une de ces bombes s'abattit sur l'abri, préparé en vue de la protection contre les bombardements aériens, dans l'un des quartiers les plus populeux et les plus populaires, tandis que les habitants, émus par le signal d'alarme, y accouraient chercher la sécurité. Sur cette foule, composée pour la plus grande partie de femmes et d'enfants, agglomérée à peu de distance d'un hôpital muni des signes les plus évidents pour sa sauvegarde, cette bombe fit une telle boucherie que, sur plus de cent tués, beaucoup ne purent être ni reconnus ni identifiés. Et ces victimes, cueillies par la mort dans le lieu même où elles venaient chercher le salut, confondues à l'heure suprême en un même sacrifice. et recueillies par la piété désolée des survivants dans une même tombe, resteront pour ceux qui les ont immolées à la férocité de chefs barbares, une cause de regret pour leur vie entière. Mais sur celui des chefs qui en porte la responsabilité, elles appelleront de leur tombe encore invengée les représailles de leurs concitoyens et la plus sévère malédiction de la postérité.

Ces crimes, où l'ennemi persévéra avec obstination, frappant du ciel des localités ouvertes et sans défense, ont été fréquemment qualifiés dans la suite de *violation de la seconde interdiction*, qui concerne l'obbligation d'épargner, autant qu'il est possibile, au cours des bombardements, « les édifices consacrés aux cultes, aux arts, aux sciences et à la charité, les monuments historiques, et les lieux où sont rassemblés malades et blessés ». Il semble au contraire que notre ennemi fût saisi d'une cynique préférence pour le bombardement de ces édifices que l'article 27 du Règlement de la Haye voulait particulièrement protéger. Qu'il suffise de rappeler les objectifs préférés des attaques aériennes dans les nombreuses incursions sur Venise, où le 24 octobre 1915 une bombe fracassait le toit de l'église des Déchaux, et y détruisait les précieuses peintures de Tiepolo représentant les anges qui transportent la sainte maison de Lorette; deux autres bombes tombaient sur la Piazzetta de Saint-Marc et dans la cour d'un asile de mendicité. Au cours d'une incursion ultérieure, une autre bombe tombait sans exploser au milieu de la place Saint-Marc, menaçant un groupe de monuments qui, consacrés à la fois par la religion, par l'art et par l'histoire, aurait dû inspirer le respect à un barbare même, pourvu qu'il craignît Dieu ou fût susceptible des émotions de l'eternelle beauté. Le 14 novembre 1915, trois avions ennemis laissaient tomber plus de trente bombes sur Vérone, en grande partie sur la Place des Herbes, à l'heure du marché, tuaient trente-cinq personnes et en blessaient quarante-huit, frappées au lieu et à l'instant consacrés au plus pacifique commerce, et dans le quartier de la ville que même le bombardement d'une ville fortifiée et défendue aurait dû épargner, pour le nombre et l'importance des trésors d'art et des monuments historiques qui en sont l'ornement. Le 12 février 1916, les aéroplanes qui jetaient leurs bombes sur Ravenne, non seulement tuaient quinze personnes et en blessaient plusieurs, mais frappaient et détérioraient aussi l'hospice civil, siège officiel et désigné avec évidence, de la Croix-Rouge, et le précieux monument qu'est la Basilique de Sainte Apollinaire Nouvelle (voir *La Marina italiana nella guerra europea*, lib. I, par le Com. Milanesi, éd. Alfieri et Lacroix, 1916), dont l'antiportique était en grande partie démoli. Deux jours plus tard, à Monza, une bombe tombait dans l'enceinte de la Chapelle Expiatoire ; et le 21 du même mois, une autre frappait à Brescia l'hôpital Feltrinelli, qui lui aussi portait visiblement le pavillon et les emblèmes de la Croix-Rouge. Le 4 mai, à Brindisi, l'hôpital recevait les bombes de cinq aéroplanes ennemis, qui y tuaient quatre malades, et en blessaient cinq ; et le 4 décembre 1916, le bombardement aérien de Vicenza endommageait l'église de Santa Corona, l'un des plus précieux monuments de cette ville artistique non défendue. Heureusement, les dégâts se bornaient à l'édifice lui-même ; non du fait de l'ennemi, mais grâce à la prévoyance de qui en avait enlevé et mis à l'abri les précieuses peintures dues au pinceau de Leandro da Bassano, de Mantegna, de Giambellino et de Paul Veronese. Le 12 février 1917, un groupe d'hydroplanes volait sur Brindisi ; et, démentant le bruit, on ne sait comment répandu, qu'au nouveau règne correspondrait de la part de l'Autriche une nouvelle et moins barbare méthode de guerre, lançaient quelques bombes qui frappaient une maison particulière et le train sanitaire n.° 45, et blessaient deux citadins et deux soldats du service de santé.

La persistance obstinée des Autrichiens dans les mêmes systèmes, en dépit de l'accession d'un nouveau souverain, était démontrée une fois de plus par l'incursion accomplie à deux reprises sur Venise entre 4 heures et 6 heures, et entre 7 heures 50 et 10 heures le 14 août 1917.

Les Autrichiens ont essayé de justifier cette agression par le prétexte de représailles contre notre bombardement de Pola. Vaine excuse et insoutenable justification ; car notre objectif avait été les ouvrages militaires de l'ennemi, tandis qu'il prenait, lui, pour objectif, des groupements d'habitations et des établissements que le Règlement de la Haye l'obligeait particulièrement à respecter. Un groupe d'hydroplanes et d'avions commença à l'aube de ce jour l'attaque de Venise, et y lança des bombes sur l'Hospice Civil et sur une maison de trois étages du Campo dei Mori ; cette dernière s'écroula, ensevelissant sous ses débris les personnes qui s'étaient en grand nombre mises à l'abri dans sa cour. Tandis que l'attaque directe contre l'Arsenal, effectuée plus tard dans des conditions de luminosité moins favorables, échouait, l'Hospice Civil des Saints Jean et Paul, bien connu des aviateurs ennemis qui, déjà une fois, l'avaient endommagé, était frappé d'un gros projectile explosif tombé près de l'angle entre l'artistique façade du Cinquecento et le côté gauche, près des fondations ; la bombe détruisit en grande partie le riche plafond de l'ex-Scuola Grande di San Marco, y tua deux hospitalisés et en blessa vingt-et-un.

Que l'on pense que la zône non militaire et monumentale située entre Santa Maria Formosa et les Saints Jean et Paul a été à maintes reprises l'objet des coups des aviateurs autrichiens ; que l'Eglise de Santa Maria Formosa a déjà subi de très graves dommages par l'effet d'une bombe incendiaire, que l'Eglise des Saints Jean et Paul avait elle aussi été frappée deux fois ; que plus tard une autre bombe avait endommagé l'Asile des Pauvres, après avoir effleuré la statue équestre de Bartolomeo Colleoni ; que l'Hospice Civil maintenant frappé est un édifice des plus étendus, marqué de tous les signes capables d'assurer sa sécurité, depuis les pavillons jusqu'aux grandes croix rouges peintes sur les toits blanchis ; qu'à plusieurs reprises furent menacées aussi la Place et l'Eglise de Saint Marc ; et la préméditation autrichienne apparaît éloquemment démontrée par les faits eux-mêmes.

Cette conduite de l'ennemi a rendu plus cruelles les épreuves de Venise au cours de cette guerre. Mais elle n'a fait que mieux apparaître aux yeux du monde la vertu déployée par la noble cité pour les supporter.

A Venise, sentinelle avancée de l'Italie ressuscitée, n'est point épuisée la valeur de la Venise de nos Pères, but ardemment désiré de l'Italie renaissante. Et le patient et serein courage qui affronte ces ultimes épreuves répond aux plus glorieuses traditions de l'histoire vénitienne et reflète cette vertu à laquelle un anglais, ami de l'Italie, et amant de Venise, Horatio F. Brown, rendait récemment un affectueux témoignage et un hommage bien mérité.[1]

Et ce n'est pas seulement du fait des hostilités directes contre les localités non défendues que la vie de la population était menacée. Parfois leurs habitants pacifiques eux-mêmes étaient l'objet d'attaques personnelles et délibérées de l'ennemi. Typique entre tous fut, pour son atrocité, le cas de Mostar, où, tandis que la localité n'était occupée ni par l'un ni par l'autre des belligérants, une paysanne qui s'avançait vers les troupes italiennes dans l'intention de demander du pain pour sa famille affamée, fut soumise au tir des Autrichiens, et tomba gravement atteinte. Un des nos médecins-majors accourut avec des infirmiers pour la ramasser ; mais eux aussi servirent de cible à l'infanterie et à l'artillerie, et ne purent accomplir leur œuvre charitable, si bien que, faute de soins, la pauvre victime de la douleur et de l'amour maternels mourut là où elle était tombée, et où l'ennemi mitrailla encore jusqu'à ses compagnons qui tentèrent plus tard de relever son cadavre pour le transporter au cimetière.

---

[1] HORÁTIO F. BROWN, *Venice in Wartime*, in *Cornhill Magazine*, March 1917.

L' Église des Scalzi à Venise.

Maison de campagne, propriété Coletti, près de Trevise.

Ecroulement d'un Hôtel à la suite d'une encursion aérienne.

Et tandis que l'ennemi s'acharnait ainsi, au mépris de toutes les lois de la guerre, contre la vie et les biens des populations pacifiques, il abusait traîtreusement de notre respect de ces lois par lui violées, pour faire continuer contre nous les hostilités, dans les lieux qu'il avait dû évacuer, par des partisans déguisés en citadins pacifiques. Le 14 juin 1915, notre Gouvernement dénonçait cette attitude de l'ennemi qui, dans les territoires occupés par nous, faisait exercer le brigandage par ces partisans, dans le double but de molester nos opérations et de provoquer, de notre part, des actes de répression contre la population. Il s'agissait d'hommes de la *Landsturm*, de gendarmes et de gardes forestiers : tous militaires, par conséquent, qui, ne portant pas ouvertement les armes et travestis en citadins pacifiques, tiraient dans le dos de nos troupes contre les officiers, contre des soldats isolés et contre les convois, et perdant ainsi tous les droits des belligérants légitimes, n'étaient plus que des agents de brigandage qu'on devait traiter selon le droit pénal exceptionnel de guerre. Divers individus en habit de bourgeois, arrêtés après de tels attentats, finirent par confesser qu'ils avaient des armes et des munitions cachées en des endroits déterminés et qu'ils appartenaient à des corps armés de l'Autriche.

Par tous ces actes, le gouvernement ennemi, non seulement violait les règles les plus certaines du droit de guerre, mais il se jugeait lui-même du point de vue de ses droits territoriaux et de nos objectifs politiques. D'un côté il n'hésitait pas à exposer à nos représailles ces populations qu'il prétend cependant considérer comme siennes ; d'autre part, dans ses retours offensifs contre des territoires qui étaient nôtres avant la guerre et contre des territoires occupés par nous, il procédait suivant le même système d'attaque et de bombardement des villes sans défense, et recourait à l'assassinat des habitants pacifiques et à la destruction et à la dévastation de leurs demeures. Et ainsi, traitant les unes et les autres populations avec la même férocité d'ennemi indifférent à toute inhibition juridique et morale, il reconnaissait implicitement que ces territoires *dans leur totalité* n'étaient point les siens, et que ces populations *dans leur ensemble* aussi, ne lui appartenaient point.

VII.

Le traitement des blessés et des malades.
La violation de la Convention de Genève.

Si les actes de nos ennemis que nous avons rapportés jusqu'ici, avaient été universellement connus, comme ceux d'autres belligérants du groupe des Empires Centraux, ils eussent déjà suffi à empêcher de se former dans les autres pays cette fausse notion qui distinguait les Austro-hongrois de leurs alliés, et les leur opposait même, comme des belligérants loyaux et respectueux des lois de la guerre. Et pourtant, tout ce que nous rappelons dans les pages précédentes a été dépassé, au point de faire franchir au vrai les limites du vraisemblable, par la conduite des Autrichiens envers nos soldats morts, blessés ou malades, et envers les hopitaux et le personnel chargé de la relève des blessés sur le champ de bataille, ou de leur assistance dans les hopitaux ou les ambulances.

« L'ennemi blessé est un frère » (*Hostes, dum vulnerati, fratres*) est une maxime que nous a transmise l'antiquité. Il fallait arriver au XXᵉ siècle pour voir une armée drapée

des apparences de la civilisation, assouvir son implacable
et insatiable rage contre des adversaires désormais im-
puissants à nuire ou à résister, et, oubliant le devoir qui
lui incombait de les épargner et de les secourir, s'acharner sur eux avec les masses ferrées et autres engins prohibés.

Le droit international, en ce qui concerne le traitement des malades et des blessés, tel qu'il a été formulé
par les Conférences de Genève de 1864 et 1906, a été incorporé au Règlement de la Haye de 1907, depuis l'article 21, d'après lequel « les obligations des belligérants
concernant l'assistance aux malades et aux blessés, sont
règlées par la Convention de Genève ». Or, cette dernière
est inspirée par deux principes qui tendent surtout à
distinguer les guerres entre civilisés des guerres entre
tribus barbares : 1º solidarité, même entre ennemis, dans
l'aide aux malades et aux blessés ; 2º sécurité du personnel et du matériel sanitaires.

La conduite de notre ennemi n'a pas cessé d'être en
contradiction avec ces principes, depuis l'ouverture des
hostilités. Le 29 juillet 1915 notre Commandement protestait contre des aviateurs ennemis qui avaient tiré
sur une colonne de blessés italiens, tandis qu'elle des-
cendait d'une colline, sur la ligne de l'Isonzo, pour prendre place dans les camions du service de santé. Pour ne
pas manquer leur but, ces aviateurs s'étaient abaissés
jusqu'à trois-cent mètres, d'où les civières et les insignes
de la Croix-Rouge étaient indubitablement visibles ; et de
cette altitude, dit notre communiqué, « ils s'attardèrent
longtemps à leur chevaleresque tâche, revenant à la
charge et continuant à tirer, tandis que des blessés et
du personnel sanitaire, s'élévait un chœur de protestations contre cet acte inhumain et déloyal ». En avril 1916,

de la 14° ambulance de camp de la 14° division, parvint le récit d'actes si atroces commis par l'ennemi, qu'il est opportun de citer textuellement le rapport qui les dénonce : « Le soldat Giacomini raconte que, le premier du mois, tandis qu'il était en exploration sur le mont Colombara, il fut blessé, en même temps que le soldat Mascherino et d'autres, et tomba à environ 50 mètres des tranchées ennemies. Peu après il vit sortir de ces tranchées deux soldats autrichiens et un officier, lequel cria : " blessés italiens ", et, s'approchant de Mascherino qui, blessé à la tête, demandait du secours, il le souleva de terre, et le précipita dans le ravin ». Giacomini, horrifié et épouvanté d'un tel spectacle, feignit d'être mort, et fut roulé à coups de talon, par un soldat autrichien, dans le même ravin ; là, accroché à un arbuste, il put s'abriter dans une anfractuosité du sol, où il fut trouvé ensuite par les nôtres dans un état d'extrême épuisement.

Avec une fréquence qui démontre le propos délibéré, les attentats contre le matériel sanitaire se renouvelèrent par la suite. Le 20 juin 1915 un aéroplane ennemi laissait tomber une bombe sur un train sanitaire qui quittait la station de Cormons. Le 29 du même mois, un détachement italien du service de santé, muni visiblement des insignes prescrits par les articles 18 et 21 de la Convention de Genève, servait de cible au tir de l'ennemi près de Plava. En août 1915, le commandant d'une division opérant dans le Cadore, envoyait au commandant de son corps d'armée un rapport sur l'incendie de l'hôpital de Pieve di Livinallongo, provoqué par l'ennemi le 19 de ce mois. Quand nos troupes occupèrent cette localité, dans la nuit du 26 au 27 juillet, la population l'avait déjà abandonnée et il ne restait dans l'hôpital qu'un prêtre, trois sœurs, 67 hospitalisées, presque toutes en âge avancé,

10 vieillards et 50 enfants. Sur l'hôpital, vaste édifice situé à l'orient du village et bien détaché, à la distance d'environ quatre-cent mètres, les nôtres avaient laissé le drapeau de la Croix-Rouge, exactement comme ils l'avaient trouvé au moment de l'occupation. Le 18 août les Autrichiens commencèrent à s'acharner contre le village avec des obus incendiaires et le dévastèrent complètement; mais ils épargnèrent l'hôpital, démontrant ainsi qu'ils le distinguaient et qu'il était possible de l'épargner tout en bombardant le centre habité. Le jour suivant, le feu fut au contraire dirigé contre l'hôpital, et concentré exclusivement sur lui, y tuait deux hospitalisés, en blessait un, ainsi que deux sœurs, dont une gravement. Puisque l'hôpital n'avait été consacré à aucune fin militaire, et puisque la possibilité de le respecter, même si l'on bombardait le village, était démontrée par le bombardement de la veille, il était clair que le bombardement de l'hôpital avait été, selon les termes du rapport du commandant de la division « un acte de pure et simple barbarie, sciemment accompli sans aucune justification, aux dépens des hospitalisés eux-mêmes que nous avions accueillis et bénévolement protégés ».

Ce jugement pouvait bien s'étendre, du cas particulier qui le provoquait, à tout le système de notre ennemi dans ses attentats contre les détachements et les établissements sanitaires. Dans les premiers jours de novembre 1915, notre Commandement suprême dénonçait trois autres offenses graves au Comité international do la Croix-Rouge. Dans le secteur au nord-est de Gorizia, un groupe de mitrailleuses avait ouvert le feu contre une de nos ambulances automobiles chargées de blessés et portant bien visibles les insignes prescrits par la Convention de Genève, et en blessait le chauffeur. Dans le secteur de Plava, un autocamion avec 17 blessés fut l'objet du tir de l'infanterie autrichienne, qui y frappa trois des blessés, et en tua un ; peu après, dans la même région de Plava, le même attentat se reproduisait contre une autre ambulance qui transportait des blessés. Le 27 novembre 1915, sur le bas-Isonzo, l'artillerie ennemie lançait 55 obus contre un groupe de maisons occupé par la section sanitaire de la 16ᵉ division, malgré les insignes prescrits parfaitement visibles de loin, et blessait le médecin-major et 19 soldats infirmiers du service de santé. Le 4 mai 1916 cinq aéroplanes ennemis bombardaient l'hôpital de Brindisi et y tuaient quatre malades et en blessaient cinq ; dans la nuit du 30 au 31 août, l'hôpital de Gorizia était bombardé et le 22 décembre 1916 était de nouveau frappée, à Gorizia, une ambulance italienne, où deux personnes étaient tuées et quatre blessées, toutes appartenant au service de santé.

Le propos délibéré de l'ennemi est illustré par des extraits de documents austro-hongrois parvenus en nos mains de diverses manières, et qui démontrent le choix médité des objectifs de ses attaques. L'ordre d'opérations n.º 491 du 5 octobre 1915, émané du commandant de la 58° division autrichienne, renfermait les instructions suivantes : « ....sur les automobiles de santé de l'ennemi en service à portée de notre feu, et dont jusqu'ici nous avons toléré les déplacements, on tirera des coups d'avertissement d'artillerie ou de fusillade (mitrailleuse), et, si l'ennemi n'en tient pas compte, on ouvrira le feu sur elles ». Par un message téléphonique intercepté le 3 mai 1916 (Station du Groviglio, 9 heures 10 du matin) nous avons eu la révélation de cet ordre : « batterie Lovy prête ; observer quand nous recommencerons à ouvrir le feu sur la caserne et l'hôpital dans la direction de....., nous ferons l'essai.... la.... avec le.... 2 = 4, et sur l'hôpital avec le 100 ».

Les intentions de l'ennemi ne ressortent pas moins claires des agressions contre notre personnel sanitaire au cours de l'accomplissement de sa pieuse mission. Dans la nuit du 17 au 18 juin 1915, trois de nos médecins militaires, sortis des tranchées dans le secteur de Plava, avec quatre brancardiers, attirés par des plaintes, se trouvèrent bientôt entourés par des patrouilles ennemies constituées en majeure partie par le personnel de santé, et malgré l'accord intervenu entre eux de procéder sans se molester réciproquement, à la relève de leurs blessés respectifs, ils furent retenus par l'ennemi et avec eux un parlementaire envoyé pour en réclamer la libération. Le 3 juillet 1915, dans les environs de Monfalcone, alors qu'un capitaine médecin-major du 2ᵉ Grenadiers relevait des blessés près des fils de fer barbelés de l'ennemi, sous la protection du fanion prescrit et de l'accord précité avec les Autrichiens, il fut traîtreusement capturé, en violation flagrante de l'article 9 de la Convention de Genève, en même temps que treize brancardiers. Le 16 juillet un autre communiqué signalait le cas survenu la veille : un prêtre en costume apparent, et plusieurs médecins militaires, accompagnés de brancardiers, se dévouaient hors de nos tranchées, à l'œuvre pieuse d'ensevelir une trentaine de cadavres ennemis, lorsqu'ils furent tout à coup le point de mire d'une vive fusillade, qui frappait l'aumônier et deux soldats. En cette occasion, l'ennemi se trouvait à si brève distance que l'on peut certainement exclure tout prétexte d'erreur commise de bonne foi, et que, selon l'affirmation de notre communiqué, « cette attaque inhumaine avait été sciemment éxécutée». Le 24 novembre 1915, dans le secteur de Plava, cinq brancardiers italiens, munis des insignes prescrits, au cours de la relève des militaires blessés pendant le combat, furent attaqués et faits prisonniers par l'ennemi. L'avis 96, paru le 24 décembre 1915 au *Bollettino Ufficiale Italiano*, conférait la médaille d'argent pour mérite militaire, à l'aumônier don Silvio Romani, de Collalto Sabino, avec la citation suivante : « En plein jour, dès que le combat eut cessé, s'est rendu avec un autre prêtre, le Crucifix à la main, accompagné d'un officier et d'un brancardier porteur du drapeau neutre et de civières, sur le champ de bataille, à la recherche des blessés et à la relève des cadavres. A l'ennemi qui, posté dans les tranchées, empêchait par son feu l'œuvre pieuse, il intima à haute voix et en brandissant son Crucifix de s'arrêter et de respecter le Christ et la neutralité de son ministre ; mais, à l'invocation sacerdotale, l'ennemi répondit en continuant le feu. Don Silvio Romani réussissait pourtant à mettre en sûreté un blessé et ne se retirait qu'après avoir constaté qu'il ne restait plus un blessé sur le champ de bataille ». C'est là un épisode qui met en lumière à la fois la sereine noblesse d'âme d'un prêtre qui affronte courageusement le péril de la mort plutôt que d'interrompre l'accomplissement de sa mission, et la froide cruauté d'un ennemi qui, pour empêcher que nos blessés fussent secourus, menaçait une existence qu'il eût dû tenir pour sacrée.

Le 10 juillet 1916, durant une pause de l'action autour du Mont Chiesa, sur le Plateau des Sept Communes, les Autrichiens hissèrent sur la cime le pavillon blanc à la Croix-Rouge, indiquant par là leur intention de procéder à la relève de leurs blessés. De notre côté, un officier d'alpins, un capitaine et deux brancardiers s'approchèrent des positions ennemies pour ramasser nos blessés, mais immédiatement le pavillon fut amené et ils furent faits prisonniers. Et le bulletin 486 *a*, de la 3° Armée, portait cette communication téléphonique, interceptée sur la cote 70 à Monfalcone : « Sur la position...... nous avons lancé un shrapnel, à la suite duquel nous entendîmes un cri désespéré, et vîmes accourir le personnel de santé. *Alors* nous tirâmes un nouveau shrapnel, et la plainte se fit entendre à nouveau ». Et de la station de Selz : « Dans le premier combat, un shrapnel a frappé la principale tranchée italienne, et nous avons entendu crier ; et alors, v'lan, un autre shrapnel. Alors est venue la Santé italienne ; encore un shrapnel ! C'était superbe ! »

Même au respect et à la pitié pour la mort, l'âme de nos ennemis resta fermée.

Le rapport du commandant de l'un de nos corps d'armée, en date du 14 novembre 1915, relatait que les petits postes du 30e bataillon des Bersagliers avaient vu, sur les fils barbelés de la crête du Petit Javorcek, *placés bien en vue des Austro-hongrois et dans des poses macabres*, les corps de quelques soldats italiens morts pendant les dernières opérations. Le 27 janvier 1916 le chef du service de santé du 17° régiment d'Infanterie rapportait les résultats de l'enquête faite sur le cadavre du soldat Muggeri Raphaël, tombé au cours d'une reconnaissance et mutilé par l'ennemi. Sur le cadavre de ce soldat, tué par une balle qui lui avait traversé la boîte crânienne, on trouva les orbites vidées des globes oculaires, et les paupières supérieures et inférieures, sectionnées à la hauteur des orbites, se présentaient comme des lambeaux qui pendaient dans les orbites vides. Et la séparation des tissus mous des paupières et des sourcils était marquée par une ligne droite et régulière comme on peut pratiquer une lame affilée. En sorte que le médecin auteur du rapport concluait en affirmant « l'évidence, dans toute son horrible brutalité, de l'acte honteux des sévices exercés par l'ennemi sur le corps de ce soldat, ou mourant ou à peine expiré ». Que l'on ne croie pas qu'il y a eu là un acte isolé de brutalité de la part de nos ennemis; que l'on considère à combien de manifestations analogues leur rage s'est abandonnée sur d'autres théâtres de la guerre. Le prisonnier roumain Toma Haralam, échappé aux Autrichiens et réfugié dans nos lignes, après d'infinies souffrances, à l'aube du 26 janvier 1917, racontait en effet que le détachement de troupes roumaines auquel il appartenait avait trouvé, en se retirant de Brasso, le cadavre d'un sous-lieutenant roumain du 8° régiment de Chasseurs abattu à genoux, les bras liés derrière le dos, les yeux arrachés, les oreilles et les organes génitaux horriblement mutilés ; et ils avaient vu avec épouvante tant d'autres pauvres corps de soldats roumains mutilés qui attestaient le passage des sauvages hongrois.

Durant la reprise de notre offensive entre l'Adige et la Brenta, nos troupes trouvèrent le 26 juin 1916, dans des fossés près du Mont Magnaboschi, une centaine de cadavres italiens complètement nus. Le 10 août 1916 le major-général commandant la brigade Lombardie, parcourant le chemin entre Rubbia Peteano et l'asile Amalfi, trouva, entre les vieilles tranchées tout récemment abandonnées par l'ennemi, un tas de cadavres italiens les mains et les pieds liés, dont quelques-uns avaient les mains attachées derrière le dos à un poteau.

Tous ces faits autorisent le soupçon que certaines transgressions apparemment individuelles furent, au contraire, ou directement voulues, ou, par voie de suggestion imitative, inspirées par les chefs d'une armée qui foule aux pieds, en tant de manières et avec un cynisme aussi obstiné, les lois les plus certaines et les principes les plus sacrés. Un tel soupçon s'accorde, par exemple, avec le cas du prêtre Alverà, qui doit au reste être rapporté surtout parce qu'il démontre l'opposition constante entre la conduite féroce de l'ennemi et notre douceur, même dans le traitement de ceux qui ont assez fait pour encourir les sanctions les plus sévères du droit de guerre.

Le 24 octobre 1915, un officier sorti des tranchées autrichiennes, dans la région située entre le Col di Lana et Settesassi, arrivait sans s'en être rendu compte, près d'un poste d'observation du 50° régiment d'Infanterie, situé à 300 mètres environ de ces tranchées ; et là il se présenta comme un certain Isidore Alverà, aumônier militaire, affirmant s'être approché pour aller à la recherche d'un blessé. Comme il ne portait pas les insignes prescrits, nos soldats le retinrent jusqu'à plus ample identification. Il se mit alors à les persuader de déserter, les exhortant à le suivre et affirmant que, se trouvant complètement encerclés par les forces austro-hongroises, toute résistance serait vaine. Entendant ces paroles, l'officier commandant le poste déclara Alverà prisonnier. Mais ce dernier, saisissant son revolver, le pointa contre les nôtres, avec des injures et des menaces ; bientôt désarmé, il était conduit aux lignes arrière et amené devant le commandant du bataillon. Le 28 octobre, sur l'ordre du commandant de la brigade de Turin, Alverà était renvoyé pour être jugé devant un tribunal extraordinaire. La justification d'un procès criminel contre lui était évidente. Si, en effet, Alverà était prêtre et attaché aux troupes en qualité d'aumônier, il avait perdu, du fait de sa tentative de subornation, l'immunité dérivée de son caractère religieux ; si au contraire il était militaire, appartenant aux troupes combattantes, il avait commis un crime en invoquant une qualité privilégiée qui ne lui appartenait point, et en essayant d'abuser de la sécurité qu'il voulait usurper. Le tribunal extraordinaire de guerre, considérant pourtant que, pour la définition juridique de l'infraction, il était essentiel de posséder l'identité réelle de celui qui l'a commise, décidait que la vérification de la qualité d'aumônier devait précéder l'examen du délit, et renvoyait l'accusé au Conseil de guerre compétent.

L'enquête menée par ce dernier établit cette qualité. A la suite de cette vérification, le 16 janvier 1916, le ministère public attaché au tribunal de guerre rédigeait une ordonnance en vertu de laquelle, ayant été vérifiée la qualité d'aumônier qui accréditait Alverà auprès de l'armée autrichienne avec le grade de *feld-curato*, on ne pouvait considérer qu'il eût perdu, du fait de l'absence de ses insignes, les privilèges que lui conféraient sa qualité d'aumônier, mais que ces privilèges avaient été ensuite perdus par lui du fait de sa tentative d'excitation de nos soldats à la désertion. On décidait cependant qu'une telle tentative ne pouvait se définir crime, mais seulement acte hostile, qui autorisait à le traiter comme un combattant ennemi et à le retenir comme prisonnier de guerre à la disposition de l'autorité compétente.

L'affaire Alverà devait être rappelée, et peut être étudiée à divers points de vue. Avant tout, pour définir la nature de l'infraction commise par ce prêtre, et pour établir, en rapport avec les faits précédemment décrits, la responsabilité morale qu'eut dans sa conduite le commandement de l'armée à laquelle il appartenait. En second lieu il faudrait examiner, comme dignes de considération, les critiques dirigées contre cette ordonnance par la *Rivista Penale* (juin 1916, pag. 740-41), qui trouvait excessifs et contradictoires un tel respect pour l'immunité d'un aumônier ennemi, qui se présente sans ses insignes distinctifs, et la reconnaissance à ce même individu des prérogatives du belligérant après son excitation de nos soldats à la désertion.

Le raisonnement de notre Ministère Public paraissait au Directeur de cette Revue invraisemblablement chevaleresque plutôt que juridique. Alverà pouvait en effet être soumis à jugement sous l'imputation d'un grave crime, avec cette seule circonstance atténuante qu'une partie de la responsabilité pouvait être reportée sur des degrés plus élévés de la hiérarchie. Car, si lui-même n'avait pas agi par ordre des autorités dont il dépendait, il est certain que l'exemple donné par ces autorités dans leurs violations des obligations acceptées dans la Convention de Genève, dans l'abus des insignes qu'elle confère pour assurer la sécurité, dans leur non-respect pour la sécurité des services sanitaires et religieux de l'ennemi, devait avoir encouragé Alverà à accomplir son acte criminel. Mais son cas devait surtout être rapporté ici pour opposer à la multiplicité des infractions autrichiennes la douceur de nos procédés. Un tribunal militaire qui (v. Note critique de M. Manassero, *Rivista Penale*, l. c., pag. 739-40), par le fait même de sa convocation, démontrait chez l'autorité supérieure qui l'avait constitué, l'intention de recourir à l'hypothèse d'un crime flagrant et, selon toute probabilité, punissable de la peine de mort, a éprouvé de tels scrupules d'équité qu'il a renoncé à connaître de la cause ; et le Ministère Public a inspiré ensuite son jugement d'une telle indulgence, qu'il affirmait que les actes par l'effet desquels Alverà perdait le privilège dû à sa qualité d'aumônier militaire, n'étaient point tels qu'ils dussent l'exposer aux sanctions du droit pénal de guerre, mais seulement le transformer, de belligérant protégé par des privilèges spéciaux d'immunité, en belligérant normal susceptible de capture comme prisonnier de guerre.

Ainsi, non seulement nous nous abstenions d'imiter l'ennemi dans ses violations du droit de guerre, mais, même dans l'exercice de notre droit de défense contre ces violations, nous péchions tout au plus par excès d'indulgence.

C'est en vain que l'ennemi a tenté par la calomnie de nous abaisser à son niveau. Quand, en novembre 1915, le Commandement austro-hongrois osa transmettre au Comité international de la Croix-Rouge, à Genève, une protestation contre de prétendues violations de la Convention qu'auraient commises nos troupes en bombardant un hôpital de Gorizia, notre Commandement fit parvenir au même Comité une réponse documentée, démontrant la fausseté de l'accusation, et dénonçant au contraire les violations effectivement imputables à l'ennemi. Une enquête rigoureuse, ordonnée par le Commandement, et dont les résultats furent communiqués le 25 décembre 1915 au Comité international de Genève, établit que, tandis que l'artillerie italienne bombardait les hauteurs du Sabotino et du Podgora, situées devant Gorizia, quelques projectiles, dépassant la crête de ces hauteurs, étaient tombés fortuitement sur la ville et sur l'hôpital, complètement soustraits à la vue des observateurs des batteries. Et la *Neue Freie Presse* ayant ensuite affirmé, sur la foi de monsignor Faidutti, de Gorizia, que l'hôpital des Frères de la Miséricorde de cette ville avait été, dès le début de novembre 1915, l'objectif du tir de notre artillerie et détruit par elle, ce mémoire répondait le 24 août 1916 qu'une visite minutieuse, effectuée dans cet hôpital le jour même de notre entrée dans la ville, avait révélé que, en quatorze mois de guerre, l'édifice n'avait été frappé que de quatre obus seulement, et que deux salles seulement en avaient été endommagées. Toutes les autres étaient intactes ; et il fut possible, immédiatement après l'occupation, de les employer à l'hospitalisation de nos blessés. Les Autrichiens, au contraire, comme nous l'avons déjà dit, frappaient ce même hôpital, après notre occupation, du 20 au 21 août, de vingt obus, y produisant d'importants dommages personnels et matériels.

De tout cela ressort le contraste constant entre la conduite de notre armée et celle de l'ennemi. A mesure que s'avançait la campagne, ce contraste se faisait toujours plus complet. L'accroissement des difficultés économiques en Autriche-Hongrie aurait déjà suffi à faire empirer l'état de nos malades et de nos blessés prisonniers dans ce pays. A cause de ces conditions, dans le service de chirurgie du camp de Mauthausen, la teinture d'iode est désormais le seul moyen de médication existant ; et il commence à faire défaut ; de même que diminuent régulièrement de valeur, quand ils n'en manquent pas totalement, les autres remèdes. Les bandes et la ouate y sont si rares que le même pansement s'emploie plusieurs fois de suite ; et souvent, au lieu de ouate et de gaze, on se sert, pour panser nos soldats blessés, de papier écharpé et de feuilles de papier. Alors que les opérés auraient besoin de lait, d'œufs et de bouillon, la pénurie de l'ennemi ne lui permet de leur donner que du pain noir, des haricots et de la bouillie de maïs. Le soldat Pucci Antonio, du 9° Bersagliers, rendu à l'Italie avec le troisième groupe de grands blessés, et interrogé à l'hôpital de San Giuseppe à Monza, le matin du 12 mars 1917, confirmait cette insuffisance de soins, et, par exemple, racontait que des blessés avaient été pansés avec les sacs de papier qui avaient

contenu le pain envoyé à Noël par le Pape. L'aspirant
Soranzo Andrea, du 227e rég.t, 3e bat., 4e comp., blessé le
2 novembre 1916, tout en ne se plaignant pas du traitement subi à l'hôpital de Lubiana, déplorait l'absence
totale de remèdes. Le sous-lieutenant Antonio Agnello,
du 63e Inf., 3e bat., de la brigade de Cagliari, se plaignait
de l'alimentation mauvaise et insuffisante, de la rareté
des pansements faits à intervalles de cinq ou six jours,
avec du papier léger, et de l'absolue privation de médicaments, qui, alors même qu'ils ne manquaient pas complètement, étaient refusés aux officiers italiens et réservés
exclusivement aux autrichiens. Le soldat Colombo Luigi,
du 11e rég. d'Infanterie, non seulement se plaignait de
la rareté des pansements, mais encore dénonçait les plan-
tons de l'hôpital de Lubiana qui, pendant la nuit, abandon-
naient les italiens malades, et le jour les maltraitaient. Le
caporal-major Balbiano Luigi, du 89e d'Inf., et le soldat
Fabbrini Federico, du 29e d'Inf., répétèrent les mêmes do-
léances. Fabbrini se vit appliquer sur le bras saignant un
véritable chiffon. Et le soldat Pani Giuseppe, du 48e d'Inf.,
3e bat., 10e comp., protestait non-seulement contre l'insuffisance de soins, qui eût pu dépendre de l'ignorance des
médecins ou de l'absence des médicaments, mais aussi et
surtout contre la dureté du traitement et l'alimentation
très insuffisante, imputables l'une et l'autre à la mauvaise
volonté des gardiens, trop oublieux de leurs fonctions
médicales et trop attentifs à celles de geôliers.

Comme si tout cela ne suffisait pas à aggraver les
souffrances de ces malheureux, s'y ajoute encore la
vanité de l'ennemi, efficace alliée ici de sa froideur de
cœur. Bien que la Croix-Rouge représente une solidarité
humaine, d'autant plus nécessaire et bienfaisante que la
guerre est plus âpre et plus douloureuses sont ses consé-

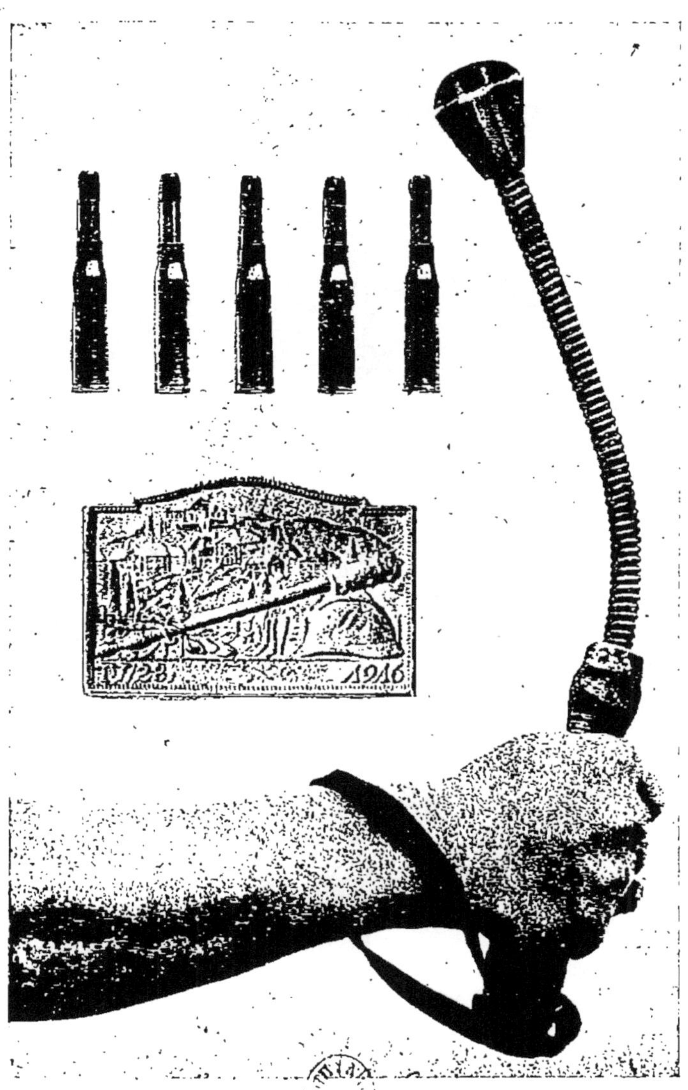

Projectiles Dum-dum.

Carte postale autrichienne avec la massue.

Massue employée par l'Armée austro-hongroise sur le front italien pour achever
les blessés.

Piège employé par les autrichiens pour capturer les soldats italiens.

quences, les officiers autrichiens commencèrent à ne plus recevoir de bon gré les envois de médicaments adressés par la Croix-Rouge italienne par l'intermédiaire de la section autrichienne de la même Société. Nos officiers (de santé) qui se trouvaient avec les prisonniers, lorsqu'il leur parvenait des paquets de médicaments envoyés par la Commission italienne, se heurtaient à de nombreuses difficultés suscitées par les officiers autrichiens. Ces derniers allèrent jusqu'à déclarer qu'ils ne voulaient pas des aumônes de l'Italie et que, si le fait se reproduisait, ils séquestreraient simplement les paquets et puniraient les destinataires.

Ainsi un belligérant, dans l'impossibilité de pourvoir aux soins aux malades et blessés en son pouvoir, s'employait même pour empêcher que cet état de choses fût amélioré grâce à l'unique institution ayant, pour y pourvoir, un droit et un devoir qu'aucun peuple civilisé n'aurait dû contester.

Mais en ce qui concerne même ce qui, dans le traitement des prisonniers malades et blessés, ne dépend pas des moyens économiques ou techniques de qui les a capturés, l'ennemi devint de plus en plus cynique dans le mépris de toutes les obligations dérivant des Traités et de plus en plus inaccessible à tout sentiment de pitié.

Depuis que le rapatriement des grands-blessés a fourni le moyen de documenter la conduite toujours plus cruelle des Austro-hongrois, notre Commandement en chef l'a dénoncée le 14 février 1917, pour montrer à notre peuple et à nos alliés de quelle abjection invraisemblable ne craint pas de se souiller un ennemi « insensible aux plus cruelles douleurs, animé contre nous de la seule haine et d'un aveugle esprit de vengeance »; et les dépositions des rapatriés en mars, avec le troisième groupe, n'ont pu

qu'ajouter de nouvelles justifications à cette dénonciation et à ce jugement sévères.

Dans les hopitaux de Lubiana, Gratz, Innsbruck et
Bolzano, les blessés italiens, s'ils n'ont pas la chance de
rencontrer des médecins consciencieux qui constituaient
une louable, mais trop rare exception, sont déplorablement
négligés. Un capitaine du bataillon alpin « Morbegno »,
blessé dans l'action des Monticelli, le 9 juin 1915, et
soigné à Bolzano, fut contraint, pour obtenir d'être pansé,
de se faire porter tous les deux jours, moyennant pour-
boires aux infirmiers, devant la salle de pansements ;
et là il insistait tellement avec des cris, que les médecins
consentirent enfin à panser moins mal sa jambe blessée,
sauvée ainsi du danger d'amputation.

Le médecin-major Vaselli, du 207e d'Inf., dénonçait
aussi le traitement inhumain reçu des majors autrichiens
et déplorait que la Croix-Rouge de Vienne n'apportât
point un remède à ces maux, et se livrât plutôt à une
action décorative qu'à une œuvre efficace. Le soldat Tigli
Gaetano, du 142e Inf., raconte que, lorsqu'il fut blessé, on
le laissa à terre sans aucune secours, tandis que les soldats
autrichiens se divertissaient à le railler et lui crachaient
au visage. Le sergent Colombi Ottorino, du 3e Alpins,
capturé gravement blessé par les Autrichiens, fut menacé et maltraité en punition des actes d'hostilité licite accomplis par lui avant d'être fait prisonnier, en
mettant hors de service, avec deux grenades à main, une
mitrailleuse ennemie. Non content d'avoir ainsi violé
les lois les plus certaines de la guerre, l'ennemi les viola
une autre fois aux dépens du même sergent Colombi qui,
bien que grand-blessé (première catégorie), fut assigné à
la seconde catégorie (blessures non graves), avec le seul
objet de continuer contre lui des représailles complètement

injustifiées. Non moins barbare fut le traitement du soldat Di Giacinto Angelo, du 8ᵉ Bersagliers, qui, blessé au San-Michele et transporté dans une ambulance, en fut éloigné par un médecin qui « ne voulait pas que les blessés italiens pussent profiter des soins des Dames de la Croix-Rouge ».

Mais ces personnes, parfois, n'avaient pas besoin de tels ordres et de telles excitations pour refuser leur secours aux blessés et aux malades italiens.

Parfois, aux prisonniers malades qui réclamaient un calmant pour trouver le repos, les dames autrichiennes de la Croix-Rouge ne répondaient qu'en haussant les épaules, ou en déclarant qu'on ne devait pas soulager les souffrances des traîtres.

De telles aberrations de haine gagnaient parfois les sœurs elles-mêmes, les sœurs de charité, que le vœu de leur mission eût dû en préserver. Et à Innsbruck, un soldat italien qui, dans un spasme de douleur provoqué par ses graves blessures, hurlait : « tuez-moi ! tuez-moi ! », entendit une sœur lui répondre : « je te tuerais bien, moi, si la loi me le permettait ».

La conscience et la conduite dégénérèrent à ce point chez un ennemi qui, énivré par la guerre, oubliait tous les engagements les plus sacrés et les plus solennels de modération, s'affranchissait de tout sentiment de pitié et retombait dans le brutal paroxysme des instincts primitifs. Mais il n'en est point ainsi du soldat italien. Avant de la recevoir des clauses d'une Convention ou des articles d'un Règlement, il tire de sa conscience pure et de sa chevalerie native la loi de sa conduite. Et c'est avec un juste orgueil que nous rapportons ici un épisode émouvant, tout à l'honneur de notre drapeau. Nos troupes, en juillet 1915, après avoir repoussé une tentative d'irruption des Alpen-Jäger sur Ponte di Legno, illuminèrent, au moyen d'un réflecteur, le terrain qu'ils avaient dû abandonner, pour que les patrouilles de l'ennemi repoussé pussent y revenir chercher les blessés en toute sécurité. Ainsi les Italiens montraient qu'ils savaient pratiquer, dans leur lettre et dans leur esprit, ces principes qu'en tous temps les grandes consciences ont perçus, et qui, dans le droit écrit des peuples, avaient été constamment formulées et confirmées, de la Conférence de Genève en 1864 à celle de 1906 et à celle de la Haye en 1907.

Quatre années après la décision de la Conférence de Genève du 22 août 1864, était publiée en allemand une étude historique et illustrative de son œuvre ; faisant partie d'une série de brèves études de vulgarisation scientifique éditées par Virchow et Holtzendorff, elle eut la plus large diffusion dans tous les pays de langue allemande. Cet ouvrage *Das Rothe-Kreuz im Weissen Felde*, n'est qu'un hymne à la louange de la Convention et aux bienfaits moraux et matériels qui devaient en dériver. « La Croix-Rouge sur champ blanc — écrivait l'auteur — est un emblème de pitié au sein des horreurs de la destruction ; de civilisation parmi les ruines de la barbarie. Partout où flotte cette blanche bannière croisée, les canons détournent leur gueule menaçante ; partout où s'approche, marqué de la Croix-Rouge, le brassard blanc, on ne voit plus en celui qui le porte un ennemi, mais un allié. Quand les colonnes victorieuses arrivent près d'un édifice où a été hissé ce pavillon, leurs troupes le respectent, y portent et y laissent leurs blessés avec une pleine confiance et une sécurité absolue. Celui qui, sur le champ de bataille, s'approche, avec cet insigne, d'un blessé, représente à ses yeux la providence d'un secours fraternel ; les personnes protégées par cette croix sont à l'abri de la prison ;

les choses que cette croix protège sont à l'abri du sort du butin de guerre. »

Il est impossible de mieux comprendre ni de mieux exprimer le sens de la Convention de Genève, ni de mieux représenter les bienfaits providentiels de ses conséquences. Oasis de paix parmi les horreurs de la guerre ; oasis de fraternité sur la désolation des champs de bataille.

Devons-nous croire que notre ennemi, en signant et en confirmant cette Convention, dont il comprenait si bien la portée, était de mauvaise foi ? Non. Quand il la négociait et la ratifiait dans le calme de la paix, il se croyait capable de l'observer et de la faire observer dans l'éventualité d'une guerre. Mais sa civilisation était, plus que la nôtre, de date récente, trop récente pour qu'il lui fût possible de conserver, dans la fureur de la bataille, cette énergie des inhibitions morales et cette capacité de respect pour les inhibitions juridiques qui, pour un peuple de civilisation plus antique, de tradition plus longue et plus continue, sont un titre d'aristocratique supériorité. A peine fut-il intoxiqué de l'esprit de guerre et emporté par la fureur des batailles, la toute-puissance des instincts primitifs, assoupis dans son âme, mais non détruits, le conduisit à ces excès qu'il s'était illusionné, pendant la paix, de pouvoir éviter.

VIII.

Mauvais traitements aux prisonniers.
Violations de l'obligation de faire quartier.

Le traitement de l'ennemi réduit à l'impossibilité d'attaquer et de résister est, dans le cours de l'histoire, la pierre de touche de la civilisation des belligérants. Le cannibale met à mort son ennemi pour le manger ; le nomade primitif, déjà sorti de l'abjection du cannibalisme, le tue pour occuper son territoire et, en tout cas, pour éliminer un rival auquel ne le lie aucun lien de commune humanité. A un degré plus élevé de développement économique et moins rudimentaire d'évolution sociale correspond, pendant la guerre, la généralisation de l'usage d'épargner la vie de l'ennemi, pour le réduire en servitude, ou de le laisser dans son pays à côté de ses nouveaux maîtres, ou de le déporter dans d'autres territoires conquis par le même vainqueur, où il sera contraint toute sa vie à un labeur servile au profit de son maître.

C'est seulement chez les peuples plus avancés, et plus particulièrement chez ceux de la civilisation européenne, que l'on a vu s'affirmer deux principes inspirateurs d'une nouvelle conception du prisonnier de guerre. Un principe négatif : « Il n'est point permis de refuser quartier et de tuer un ennemi qui, ayant déposé les armes, ou n'ayant plus le moyen de se défendre, s'est rendu à discrétion » (Règlement de la Haye, art. 23, c et d). Un principe positif : « Un prisonnier de guerre conserve sa personnalité juridique et n'est entravé, pendant la durée de la guerre, que dans le plein usage de sa liberté personnelle ». Cette liberté n'est point éteinte ou paralysée totalement, mais seulement diminuée autant qu'il est suffisant pour empêcher le prisonnier de participer encore aux opérations militaires. Le prisonnier n'est plus, même pour la durée de la guerre, dans l'état d'esclavage où son travail serait, sans limitations de mode et de qualité, au pouvoir de qui l'a capturé : et, dans ces limites, sa liberté n'est pas modifiée perpétuellement, mais, après la conclusion de la paix, il devra être, le plus rapidement possible, rendu à son pays (Règl. de la Haye, art. 20).

Sur ces fondements s'est peu à peu développé, dans les rapports entre les peuples de civilisation européenne, un droit coutumier presque uniforme des prisonniers de guerre. Les Conférences de la Haye, en rédigeant, sur les bases de ce droit de coutume, le second chapître du « Règlement concernant les lois et usages de la guerre continentale », n'innovaient donc point, mais formulaient et coordonnaient des principes de conduite déjà en vigueur par constante pratique. Et les dernières guerres, en montrant leur parfaite applicabilité, avaient conduit les peuples de civilisation européenne à les considérer comme une des plus certaines et des plus durables codifications du droit des gens.

L'interdiction de tuer ou de blesser un ennemi qui, ayant déposé ses armes, ou n'ayant plus le moyen de se défendre, s'est rendu à discrétion, et l'interdiction de déclarer *que l'on ne fera point, ou on n'acceptera point de quartier*, dérivent donc, avant même la codification de la Haye, des usages de guerre désormais constants chez les nations civilisées. Et cela sans distinction entre les nations de civilisation européenne en guerre l'une contre l'autre, et les nations de civilisation européenne en guerre contre des peuples de civilisation différente, qui n'auraient pas encore adhéré aux conventions de la Haye. Si bien que, en 1900, quand l'Empereur d'Allemagne ordonna à ses troupes participant à l'expédition contre la Chine « de ne point faire de prisonniers et de ne point accorder de quartier », cet ordre souleva d'unanimes réprobations et ne fut pas imité par tous les autres Etats participant à cette expédition punitive, et bien que la Chine ne fût point du nombre des Etats qui avaient l'année précédente stipulé la Convention relative aux usages de guerre. A plus forte raison pouvait-on exclure l'éventualité d'ordres de ce genre dans une guerre européenne, où un belligérant n'aurait pu les édicter et les suivre sans renier, avec ses obligations les plus certaines résultant des Traités, ses propres traditions elles-mêmes. Mais, contrairement à ces prévisions, les actes les plus cruels, si cruels qu'ils peuvent sembler invraisemblables, ont été accomplis aux dépens de nos soldats prisonniers. Ces actes résultent de constatations faites et d'interrogatoires, soigneusement contrôlés, de déserteurs et de prisonniers, menés par les soins de notre « Service d'informations ». Pour des raisons évidentes, les noms des témoins interrogés ne sont pas publiés ; mais ils seront, avec d'autres documents, toujours à la disposition de toute commission de neutres à qui, selon l'article 3 de la Convention de la Haye concernant les lois et usages de la guerre continentale, serait confiée la tâche de rechercher les violations et de proposer les réparations (article 3) : « La partie belligérante qui violerait les dispositions du dit Règlement, sera tenue à une indemnité, quand le cas se présentera. Elle sera responsable de tout acte commis par les personnes faisant partie de ses forces armées ».

Puisque un général autrichien n'a pas hésité à donner l'ordre *de ne pas faire de prisonniers*, il devient évident que les assassinats et les mauvais traitements de prisonniers, accomplis par des soldats ou des groupes de soldats, ne peuvent pas non plus être considérés comme des faits isolés, imputables à la seule initiative d'un ou de plusieurs combattants. On trouve une apparence de crime isolé dans le fait signalé en novembre 1915 sur le San-Michele, où un soldat du 22ᵉ d'Infanterie autrichien (provenant du 27ᵉ) tuait à coups de crosse de fusil, durant l'occupation d'une tranchée italienne, cinq italiens désarmés qui s'étaient rendus et tenaient déjà leurs mains levées, et n'arrêtait son massacre que lorsqu'un caporal major lui arrachait des mains son fusil.

C'est à un groupe de soldats seulement que paraissait imputable le massacre (que décrit le télégramme n.º 488, du commandant de notre 8e division, en date du 14 avril 1916) accompli par des soldats autrichiens « que leur état d'ivresse avait exaspérés jusqu'à la férocité ». Un de nos soldats, qui feignait d'être mort, les avait vus percer de coups de baïonnette un sergent, deux caporaux-majors et plusieurs soldats, et blesser à coup de crosse d'autres militaires italiens et un soldat brancardier, qui pratiquaient un pansement sur un camarade blessé par un éclat d'obus. Mais la responsabilité directe des chefs apparaît de façon indubitable dans un mémoire manuscrit du lieutenant autrichien X***, notre prisonnier de guerre (mémoire annexé au folio n.º 1702 du Commandement du XIe Corps d'Armée), en date du 16 avril 1916, où l'on lit ce qui suit : « En août 1915 parvint l'ordre du général d'infanterie Boroevitch, adressé aux troupes du front sud-occidental, de faire le moins possible de prisonniers ». Et l'ordre a été si scrupuleusement exécuté que, entre le 21 et le 25 juin 1916, sur le mont Cimone, ont été tués 700 Italiens qui s'étaient rendus après avoir été entourés près du bord d'un précipice, et qui, immédiatement après leur reddition et la remise de leurs armes, ont été exterminés par un feu roulant d'infanterie, à la suite duquel ceux qui furent trouvés encore en vie furent précipités dans le ravin voisin. L'exécuteur du massacre fut le 5e bataillon du 14e régiment d'infanterie ; et le capitaine Puteany, qui donna aux soldats l'ordre d'agir sans pitié, fut par la suite décoré. Les autorités, qui approuvaient de tels actes et distribuaient des récompenses aux héros qui les avaient accomplis, étaient d'ailleurs à ce point conscientes du caractère odieux et criminel de cette extermination d'ennemis après leur reddition, que, pour soustraire ce bataillon au danger de nos représailles, elle le dissolvait et en répartissait les troupes parmi d'autres contingents. Il ne manque point, au reste, d'autres exemples de félicitations décernées par les autorités militaires autrichiennes à de tels forfaits. En décembre 1915, à Merna, près de Gorizia, divers soldats du 2ᵉ régiment bosniaque furent aperçus portant sur la poitrine, enfilées à une ficelle, des oreilles coupées sur des morts et des blessés italiens. A un d'eux, qui en portait quinze, un capitaine du 17ᵉ d'Infanterie dit : « brave garçon, travaille toujours ainsi ». Et aux troupes de la division à laquelle appartenait ce régiment, on donna lecture d'un ordre du jour, dans lequel resplendissait cette phrase : « en face de nous se trouvent des calabrais, contre lesquels il faut être sans pitié, car ils sont nos plus acharnés ennemis ». Et l'enseignement, venu de haut, ne fut pas négligé. Un détachement de vingt-six italiens, étant parvenu à occuper la cime du Mont Cimone, en fit l'expérience le 4 juillet 1916. Ecrasés par un ennemi supérieur en nombre, ils y étaient achevés à coup de masse ferrée tandis que d'autres soldats ennemis survenus accompagnaient leur martyre de leurs railleries les plus cruelles.

Le refus de faire quartier répugne au sentiment de l'humanité et à l'idée de la guerre loyale ; mais si l'enivrement de la bataille ne justifie pas la conduite du soldat qui ne voit pas ou ne veut pas accepter le signe de la reddition, et qui extermine des ennemis cessant de combattre, il en atténue du moins la responsabilité. Cette responsabilité existe pourtant, sans aucune circonstance atténuante, dans le cas du soldat qui, après avoir capturé un ennemi, et le combat terminé, s'acharne contre le prisonnier dont la vie devrait lui être sacrée. Ce jugement s'applique sans doute à ce lieutenant du 63° d'Inf. autrichienne qui, ayant fait prisonnier au cours d'un combat un officier italien, ne fut pas plus tôt arrivé avec lui près d'un abri qu'il lui fit tenir les bras par deux soldats et le tua d'un coup de pistolet tiré la bouche de l'arme appuyée contre son front.

Le 19 mai 1916 un militaire autrichien, ensuite fait prisonnier par nous, vit le capitaine Fragnes, commandant le 2° bataillon du 3° régiment de Kaiserjäger, souffleter plusieurs prisonniers italiens. Cette habitude était connue dans le régiment ; et l'on savait même qu'il accompagnait d'ordinaire ce traitement d'injures et de la menace de sévices plus graves.

Le major Cortese, du 6° Bersagliers, en fit la dure expérience ; revenu en Italie par l'effet de l'échange en mars 1917, il donna d'édifiants renseignements sur le traitement subi par lui et par d'autres. Capturé par l'ennemi le 10 octobre 1916, il tomba à terre, épuisé par l'abondante perte de son sang. Le militaire autrichien qui le gardait, au lieu de l'aider à se relever, le frappa à maintes reprises avec la crosse de son fusil ; le major Cortese ne put s'y soustraire que lorsqu'un autre officier prisonnier le conduisit, en le soutenant, jusqu'à l'ambulance la plus voisine. Pendant son emprisonnement, M. Cortese fut témoin encore de nombreux actes de cruauté commis contre nos soldats. Répugnant entre tous fut le traitement infligé à un certain caporal Caneva, qui avait subi l'amputation d'une jambe, et tenait son moignon appuyé sur un coussin pendant le transport. Un soldat autrichien s'amusa à déplacer, à tirer, à mouvoir le coussin, sans autre but que de jouir du spectacle des souffrances qui en résultaient pour le blessé. Digne chef de ce soldat se montra le capitain Ernest Eisner du 14ᵉ d'Inf. autrichien, promu ensuite au commandement du 1ᵉʳ bataillon de ce régiment détaché sur le mont Majo, qui, rencontrant le 18 mai 1916, à un kilomètre du Coston d'Arsiero, un caporal autrichien qui escortait quinze prisonniers italiens, fit faire halte au petit groupe, tira son revolver, demanda à chaque prisonnier son nom et le lieu de sa naissance et, ayant obtenu les réponses, se mit à tirer un coup de son arme en plein visage de chaque prisonnier. Quand il en eut tué sept, le caporal commandant le ploton intervint en exhibant l'ordre de conduire tous les prisonniers au Quartier-Général. Alors le capitaine Eisner interrompit son massacre et, répondant au caporal qu'il avait voulu « nettoyer son revolver », l'autorisa à continuer la conduite des survivants.

D'autres prisonniers italiens, capturés sur le Tonale en août 1916, furent insultés et battus par des soldats magyars qui voulaient les tuer, mais en furent empêchés par leurs compagnons de nationalité roumaine. Au courant du même mois, une patrouille italienne fut surprise à Cenon, dans le Val Sugana, par une patrouille autrichienne du 4ᵉ bataillon du 4ᵉ régiment d'Infanterie commandé par l'enseigne Arturo Schnitzler. Six des nôtres furent blessés peu gravement aux jambes, deux furent capturés sans blessures et les autres purent se retirer à temps. Schnitzler, se voyant dans la nécessité de se retirer à son tour, et d'abandonner ses prisonniers blessés et incapables de marcher, voulut empêcher ces derniers d'être repris par les nôtres et les tua tous en tirant les six coups de son revolver à quelques centimètres de la tête de chaque prisonnier, continuant à répéter en réponse à leurs supplications : « Pas de quartier, chiens d'Italiens ! ». Quand la patrouille parvint au Quartier-Général avec les deux prisonniers non blessés, l'un de ceux-ci eut le courage de dire à l'officier : « Pourquoi avez-vous tué ces blessés ; n'avez-vous pas eu pitié de ce caporal-major qui vous suppliait au nom de ses sept enfants ? » Schnitzler lui répondit par un soufflet, et ajouta : « Chien d'Italien ! sois heureux que je ne te fasse pas pendre, toi aussi ! » En récompense de si grands mérites, Schnitzler fut nommé sous-lieutenant et reçut la médaille d'argent à grand module pour faits de guerre. Et cette croix lui fut remise par le lieutenant-colonel croate Nadjesta qui, devant le bataillon rangé pour la cérémonie solennelle, félicita vivement l'officier de ce que « d'une âme vibrante de haine et d'un cœur de pierre, il avait su refuser le pardon à ces traîtres de chiens Italiens ! » Puis, se tournant vers les troupes, il cria : « Soldats, combattez toujours avec un cœur dur et la haine dans l'âme ! Aucun quartier pour ces chiens d'Italiens ! »

Puisque les prisonniers de guerre doivent être traités avec humanité et ne sont point au pouvoir des individus ou des corps qui les ont capturés, mais du Gouvernement de l'Etat à qui appartiennent ces corps ou ces individus (Règlement de la Haye, art. 4), la responsabilité des sévices contre nos prisonniers remonte des acteurs individuels à leurs Commandants respectifs, et de ceux-ci à l'autorité suprême, qui n'a désavoué et puni ni les uns ni les autres. Il est douloureux de devoir constater au contraire combien, depuis le début de la guerre, même les autorités non militaires de l'ennemi se sont employées à décourager ces mouvements de compassion ou à empêcher ces actes de secours humanitaire que pouvait inspirer la naturelle bonté des populations. Ainsi un communiqué italien du 30 août 1915 signalait le manifeste suivant émané de la

Direction de la Police de Lubiana, et publié dans la *Laibacher Zeitung* du 14 du même mois : « Il a été remarqué qu'en divers endroits, la population donne aux prisonniers de guerre employés aux travaux, des vivres et d'autres choses. Le public est averti qu'il est défendu d'entrer en rapports avec les prisonniers et de leur faire des dons. Si la population peut faire quelque sacrifice, qu'elle pense plutôt à nos soldats combattant sur le front. Les contrevenants seront punis d'amende jusqu'à 200 couronnes et de prison jusqu'à 14 jours ».

Les autorités ennemies, soit pour atténuer l'horreur suscitée par tant d'acharnement, soit pour déterminer un courant contraire dans l'esprit des soldats disposés à la désertion, ont cherché à répandre des calomnies concernant le traitement infligé par nous à nos prisonniers de guerre ; rien n'est plus facile que de réfuter ces calomnies, dont beaucoup d'ailleurs sont si grossières qu'elles se réfutent d'elles-mêmes. Des dépositions recueillies et des enquêtes menées par nous en novembre 1916, nous ont permis de connaître dans ses détails cette propagande de haine et de vengeance développée parmi les troupes austro-hongroises, auxquelles on veut faire croire que la reddition aux Italiens ne sauve pas la vie, mais prolonge une agonie tourmentée de coup de poing et de cravache, de privations de nourriture et de soins, et d'internement dans les régions infestées par la malaria. Un de nos communiqués officiels, en date du 25 avril 1916, avait déjà remarqué que, sur deux prisonniers autrichiens de nationalité bosniaque, avaient été trouvées des lettres apocryphes qui paraissaient émanées de militaires austro-hongrois prisonniers en Italie. D'enquêtes faites auprès de 40 prisonniers bosniaques, il résulta que les lettres étaient rédigées par le lieutenant commandant l'une des compagnies du bataillon auquel appartenaient ces prisonniers, largement répandues parmi leurs soldats avec l'approbation du commandant du bataillon, et, par ordre supérieur, lues et commentées aux troupes. Il fallait supposer chez ces dernières un esprit docile et facilement satisfait pour qu'elle y ajoutassent foi. Aux nombreuses histoires de souffrances dues à la faim, aux coups, à une existence vécue au milieu des immondices, et à la privation de tout vêtement pour couvrir le corps, s'ajoutaient dans un grand nombre de ces lettres des variations sur ce thème : « je n'ai pas un sou ; on ne m'en donne pas, on m'a même dépouillé de ce que j'avais », après quoi on ajoute : « on m'empêche d'acheter quoi que ce soit », défense évidemment anodine et superflue, si le prisonnier ne possède plus un centime.

Dans les premiers jours de 1917 la *Reichs Post* tirait parti des interrogations posées à notre Chambre des Députés sur ce sujet, et soutenait, en les dénaturant, que dans notre pays les autorités pratiquent et exigent du peuple, le mauvais traitement des prisonniers de guerre.

Mais le Gouvernement Italien répondait triomphalement à ces mensonges que l'Italie sous ce rapport, comme en tout ce qui concerne l'humanité du traitement des étrangers, n'a été au dessous d'aucun autre belligérant ; et que le gouvernement ennemi lui même avait dû reconnaître auparavant la bonté du traitement reçu par les prisonniers austro-hongrois sur notre territoire. C'est la même idée qui inspirait aussi le décret du Lieutenant du Roi du 23 novembre 1916 (n. 1696) relatif à l'envoi des dons et secours aux prisonniers de guerre. Ce décret correspondait à l'article 7 du Règlement de la Haye qui stipule l'obligation de donner aux prisonniers un traitement correspondant à celui des troupes de l'Etat ennemi, au pouvoir duquel ils se trouvent ; et aussi à l'article 16 du même Règlement, exemptant de toute taxe postale la correspondance des prisonniers et les dons et secours qui leur sont destinés. Dans cette intention le décret promulguait (art. 1) que les dons et secours destinés aux prisonniers de guerre ennemis internés dans le Royaume seraient admis en franchise des taxes de transport sur les chemins de fer de l'Etat, et exempts de tout droit de douane ou d'octroi intérieur.

Tout à l'honneur de l'Italie sont au contraire les réclamations que la condition des prisonniers, jugée trop favorable et presque privilégiée, a provoquées dans la Presse et au Parlement : d'abord l'interrogation du député Raimondo, le 25 août 1916, puis celles des députés Vinaj et Tosti de Valminuta le 9 décembre ; ensuite la question écrite du député Pala, à laquelle répondit amplement le Ministre de la Guerre le 18 décembre. Si un député ultra-libéral, d'une région où sont internés de nombreux prisonniers de guerre autrichiens, prenait l'initiative des réclamations contre l'excessive bonté du traitement qu'ils reçoivent chez nous, on peut y voir la certitude que notre conduite mérite d'être citée en exemple par quiconque invoque un traitement toujours plus humain des prisonniers de guerre.

On peut dire tout le contraire du traitement subi en Autriche par nos prisonniers. De la perversité de nombreux commandants, et de l'absence de contrôle moral chez les troupes dans la période qui suit immédiatement le combat, les faits jusqu'ici énoncés le prouvent suffisamment. D'autres faits non moins déshonorants pour l'ennemi ont été rapportés par des prisonniers échangés revenus en Italie en 1917. Le sergent Giacomo Mondipò, du 89e d'Infanterie, raconte que, fait prisonnier avec

d'autres pendant l'invasion du Trentin, il fut emmené
par un boyau à un détour duquel se tenaient cachés deux
officiers autrichiens qui tiraient sur les prisonniers, à
coups de revolver, aussitôt qu'ils se présentaient. Le caporal-major Luigi Balliano, du 89e d'Infanterie rapporta
que, fait prisonnier le 28 novembre 1915, souffrant de
trois blessures, il ne fut porté que trois jours plus tard à
un poste de médication. Là un médecin militaire parlant
l'italien lui demanda à quelle région il appartenait, et
apprenant qu'il était originaire du Corps d'Armée de Milan
lui demanda des informations sur les positions italiennes.
Et comme Balliano se refusait à répondre à une telle demande, ce médecin militaire lui tira un coup de revolver,
dont le projectile pénétra dans la partie latérale du cou.
Un autre prisonnier appartenant à la classe 1887 fut tué
sous les yeux de Balliano en punition du même refus.

Mais même pour ce qui regarde le traitement de nos
prisonniers après la capture et dans les lieux d'internement, la conduite de l'ennemi se prête à bien des critiques
et justifie bien des réclamations. Dans les présentes pages,
inspirées surtout du respect de la vérité et du désir de la
justice, nous ne voulons pas affirmer que les mauvais
traitements soient la règle dans tous les lieux d'internement où nos soldats sont concentrés. Mais les exceptions,
qui devraient être extrêmement rares, et immédiatement
désavouées et réprimées, sont au contraire fréquentes et
trop souvent imputables aux autorités mêmes qui devraient les réprimer. Nous ne contestons point que le
traitement des italiens prisonniers, une fois parvenus dans
les camps de concentration austro-hongrois, soit exempt
de ces horreurs qui se sont répétées si fréquemment au
moment de la capture et dans le transfert qui le suit. Nous
ne contestons pas la vérité du rapport publié le 7 fé-

vrier 1916 par le cardinal Scapinelli, après sa visite aux prisonniers italiens concentrés à Mauthausen, dans lequel leur condition est dite conforme aux exigences du Règlement de la Haye (art. 4, 5, 7, 17 et 18), en ce qui concerne l'humanité du traitement personnel, le respect de la propriété privée, à l'exception des armes, la construction et l'hygiène des bâtiments, le logement et la solde des hommes de troupe et des officiers selon leur grade, et les soins médicaux. A la fin de 1916 parvenait au Comité Central International de l'Union Chrétienne des Jeunes Gens (*Young Men's Christian Association*), du camp de Mauthausen, le rapport de son délégué qui concordait pleinement avec celui du cardinal Scapinelli. Si les cas de mauvais traitements de la part des militaires autrichiens attachés à la garde du camp n'y ont pas complètement fait défaut, les autorités supérieures y ont été mieux disposées à les réprimer. Ainsi, à Mauthausen, le prisonnier colonel Riveri ayant protesté contre le mauvais traitement infligé par des soldats autrichiens à quelques uns de nos prisonniers, le colonel autrichien lui répondit que, si quelque abus était venu à sa connaissance, il en avait puni les responsables, et que, du reste, il était toujours prêt à accueillir favorablement toutes les justes réclamations qui lui parviendraient à cet égard.

Mais, si l'on doit distinguer la condition des prisonniers internés de celle des prisonniers aussitôt après leur capture, et encore au pouvoir des chefs surexcités des détachements d'escorte, il reste toujours assez de faits pour pouvoir affirmer, dans les termes de notre Commandement Suprême (24 novembre 1916, n. 18670), «pitoyable le sort de ceux qui, ayant réussi à échapper à la cruauté des troupes ennemies, sont internés dans les camps de concentration». Et cette conduite est allée avec le temps toujours empirant. Nos grands-blessés, sous-officiers et soldats, revenus en Italie en décembre 1916, ont été unanimes à raconter de nombreux cas de mauvais traitements ordonnés par des officiers autrichiens, qu'ils ont appris ou constatés par eux-mêmes : punition de bastonnade, du pilon ou du jeûne, même pour des fautes légères. En outre, et indépendamment de la malignité des gardiens, les conditions économiques générales contraignent l'Autriche à limiter l'alimentation des prisonniers et les soins médicaux aux malades. L'entretien, qui devrait correspondre à celui des militaires de grade égal de l'armée autrichienne, laisse beaucoup à désirer ; et avec une douloureuse insistance, nos prisonniers écrivant à leurs familles réclament non seulement de l'argent et des vêtements, mais aussi du *pain*. D'ailleurs les soins pieux des parents éloignés ne réussissent pas toujours à satisfaire à leurs besoins : car les colis envoyés par les familles en sont fréquemment détournés de leur destination, et le contenu en est distribué aux soldats autrichiens. Les fréquentes tentatives d'évasion qui se répètent parmi les prisonniers, malgré les peines infligées aux fugitifs repris, ne peuvent être envisagés que comme des effets de l'existence intolérable qui leur est faite. Les journaux autrichiens eux-mêmes ont rapporté des nouvelles terrifiantes de quelques camps de concentration moins connus et non visités par les diplomates neutres, privés de toutes dispositions hygiéniques et désolés par toutes sortes d'épidémies. Nos grands-blessés rapatriés ont déclaré unanimement que les conditions où vivent nos prisonniers sont intolérables : « sans linge, les chaussures en lambeaux, mal nourris, punis pour un rien, les traits émaciés et pâles ».

« En outre de cela, nos prisonniers (ainsi qu'il est dit dans la circulaire déjà citée), sont obligés aux plus rudes travaux de caractère militaire ». Tandis que les prisonniers invalides sont tenus à Mauthausen, les bien-portants sont envoyés en Albanie, en Serbie et en Galicie, pour y effectuer des travaux militaires, presque toujours dans des lieux malsains ou marécageux; aussi ceux de ces prisonniers qui n'y laissent pas leur vie en reviennent-ils souvent atteints de tuberculose ou d'autres maladies graves.

Les sous-officiers et soldats rapatriés à la fin de 1916 et au printemps de 1917, lors de l'échange des grands-blessés, ont confirmé la persistence de l'exploitation des prisonniers de guerre italiens pour des travaux de caractère militaire, comme la construction d'ouvrages fortifiés et la fabrication des armes et des munitions. La majeure partie des prisonniers italiens en Serbie, en Albanie et sur le front russe, a été employée aux travaux de tranchées jusqu'en première ligne.

A ces prisonniers sortis des camps, ne parvenaient pas les colis envoyés par leurs familles, qui sont distribués par les autorités, non aux destinataires, mais à la population civile. Le capitaine de corvette Luigi Bianchi, revenu récemment en Italie de sa prison, et affecté pendant plus d'un an à l'organisation du service de ravitaillement du camp de Mauthausen, a confirmé l'inutilité des expéditions de pain aux prisonniers détachés loin du camp aux sections d'ouvriers, l'envoi ne parvenant jamais à destination. Dans quelles conditions d'existence ces malheureux doivent exécuter les travaux militaires, nous en avons la révélation douloureuse dans ce fait que d'un convoi de cinq-cents italiens envoyés en Serbie, presque les neuf dixièmes furent décimés par les maladies, et à peine une soixantaine put regagner Mauthausen.

Ceux qui exposent les prisonniers à de tels périls et les obligent à de tels travaux, violent les plus certaines obligations résultant des Traités ; et ceux qui sont contraints à un tel service subissent une intolérable torture morale. Les obligations dérivées des Traités sont violées en ce que « l'Etat peut se servir des prisonniers de guerre comme d'ouvriers, selon leur grade et leurs aptitudes, *pourvu que les travaux ne soient pas excessifs et n'aient aucun rapport avec les opérations de guerre* » (art. 6 du Règlement de la Haye). La torture morale des prisonniers est dans ces cas plus cruelle que tout excès de fatigue, car on ne peut concevoir de violence plus odieuse que celle qui contraint un soldat à agir contre sa patrie. Et ce n'est pas seulement en contraignant les prisonniers à des travaux de nature militaire que l'on viole cette clause, sanctionnée par les lois éternelles de la morale avant d'être formulée par une quelconque convention internationale. Celui-là commet le même crime qui, interrogeant les prisonniers, veut les obliger, par la menace ou les tourments, à donner des informations nuisibles à leur patrie. Le prisonnier roumain Toma Haralam, capturé par les Austro-Hongrois dans un bois voisin de Brasso le 18 septembre 1916, transféré ensuite sur notre front pour y travailler, et réfugié dans nos lignes le 26 janvier 1917, raconta qu'aussitôt après sa capture, il avait été interrogé sur la situation des troupes et l'état de l'artillerie roumaines, et n'ayant pas voulu répondre, avait été frappé à coups de poing et de pied dans le dos.

Nos grands-blessés rapatriés en décembre 1916 et au printemps de 1917, fournirent des renseignements sur un traitement analogue infligé aux prisonniers italiens.

L'élève officier Ragni Achille, du 211ᵉ régiment d'Infanterie, neveu du général Ragni, blessé dans le Trentin, fut fait prisonnier alors qu'il gisait sur le champ de bataille et tenu pendant six jours sans médication dans une étable démolie exposée au feu de l'artillerie, pour le punir de s'être refusé à donner des informations de caractère militaire. Un soldat du 52ᵉ d'Infanterie, Angelo Montebello, capturé blessé au Sasso à midi le 20 mai 1916, s'étant refusé à donner des renseignements sur la position de l'artillerie et des bombardes italiennes, fut blessé de deux coups de revolver, abandonné une heure et demie sur le terrain, puis transporté dans une ambulance où il resta quatre jours sans soins. Mais particulièrement digne de mention, parce qu'un général ennemi porte la responsabilité de ces mauvais traitements, est le cas de l'élève officier Indiveri du 10ᵉ régiment d'Infanterie, fait prisonnier alors qu'il gisait gravement blessé à une jambe, le 14 mai 1916 au Bosco Cappuccio. Après une première médication sommaire il fut transféré à un hôpital d'armée et là, tandis qu'il se trouvait encore sur la civière, il fut interrogé par un général autrichien. Celui-ci le fouilla personnellement, lui prit son portefeuille, en enleva les cartes et les photographies et les examina avec soin ; puis, ayant fait éloigner les dames infirmières et les soldats du service de santé, il demanda à Indiveri s'il était vrai que des canons de marine eussent été mis en position derrière la filature de Sagrado et si les ponts sur l'Isonzo avaient été rétablis, et il continua par d'autres interrogations de caractère militaire. Le prisonnier, qui, lorsqu'il fut blessé, ne se trouvait dans les tranchées que depuis six heures, répondit qu'il ne savait rien. Et le général, alors, après avoir inutilement insisté pour obtenir les réponses désirées, s'en alla, ordonnant que Indiveri ne fût pas soigné pendant

24 heures s'il ne parlait pas. Indiveri perdait beaucoup de sang de sa jambe blessée ; et si un aide-major, survenu après le départ du général, ne lui eût renouvelé son bandage, dans l'ignorance de l'ordre supérieur, cette féroce disposition eût pu avoir pour lui des conséquences fatales.

Ce général, qui s'acharnait ainsi contre un prisonnier, coupable de ne pouvoir ni vouloir trahir son pays, représentait un Etat qui s'était engagé à observer et à faire observer par ses troupes en guerre le Règlement de la Haye, qui interdit (art. 6) d'employer des prisonniers à des travaux ayant un rapport quelconque avec les opérations de guerre, et oblige (art. 9) le prisonnier à ne déclarer, s'il est interrogé, que son nom et son grade, le soumettant, *dans le seul cas de refus ou de déclaration mensongère*, à une restriction des avantages accordés aux prisonniers de guerre de sa catégorie.

Nos autorités militaires, dans leur abstention de faire violence aux prisonniers, en vue de les amener à agir contre leur pays, ont eu une attitude cohérente dès le début des hostilités.

Ce respect de notre gouvernement pour les restrictions imposées par l'article 6 du Règlement de la Haye, à l'emploi des ouvriers pour des travaux, a pour preuve le décret du Lieutenant du Roi du 6 août 1916 (n. 1028) qui a assigné les prisonniers de guerre à l'œuvre de reboisement et aux travaux d'exploitations hydrauliques et forestales, et qui correspond à d'autres mesures analogues adoptées l'année précédente pour les travaux agricoles et de voirie. Dans l'exécution de ces dernières dispositions on a encore eu soin, récemment, de distinguer les travaux de voirie, et surtout les constructions de voies ferrées dans la zône de guerre, de ceux à exécuter dans les autres parties du territoire, employant dans ces dernières et

excluant des premiers le travail des prisonniers de guerre.
Un décret du Lieutenant du Roi du 2 janvier 1917 dispose
que les prisonniers employés au travail seront assurés,
aux frais de leurs employeurs respectifs, contre les accidents du travail, et que leurs indemnités seraient versées
à la Caisse des Dépôts et Consignations, pour y constituer un fonds spécial dont il serait disposé à ces fins dans
les quatre-vingt-dix jours qui suivront la conclusion de
la paix.

L'Autriche a au contraire écarté tout scrupule dans
l'utilisation des prisonniers. Dès les premiers mois de la
guerre, parmi les prisonniers faits par nous sur l'ennemi,
se sont trouvés des soldats russes capturés par les Autrichiens, puis incorporés à leurs troupes ; et le même fait
s'est renouvelé pour les prisonniers serbes. Le 20 mars 1916,
un de nos communiqués officiels rapportait qu'un caporal
du 3° d'Infanterie et un du 156° d'Infanterie, déjà prisonniers en Autriche, puis conduits en Serbie et ensuite
évadés, avaient raconté qu'en Serbie l'autorité militaire
autrichienne contraignait, même par la violence, les prisonniers à des travaux de fortification ; et que plus de
500 prisonniers y étaient employés à la construction des
tranchées.

Mais les Autrichiens ont violé plus gravement encore
les lois de la guerre en voulant incorporer, comme dans
le cas des Russes et des Serbes, des prisonniers ennemis
parmi leurs troupes combattantes, et, encadrés dans leurs
détachements de même race, les ont envoyés combattre
sur d'autres théâtres de la guerre.

Le 15 décembre 1915, un de nos communiqués officiels rapportait le récit de prisonniers russes qui, employés
par les Autrichiens, sur notre front, à des travaux pénibles
et périlleux, avaient réussi à se réfugier parmi les nôtres.

Des camps de concentration de l'intérieur, ils avaient été conduits vers la frontière italienne, où il leur a été enjoint de creuser des tranchées et de placer des fils barbelés. A ceux qui refusaient, on infligeait des punitions graves, comme le jeûne, les coups, et le supplice de rester debout, longuement, les pieds et les poings liés à un pieu. D'un groupe de ces prisonniers qui, forts de leurs droits, se refusaient à creuser des tranchées, quatre furent tirés au sort et fusillés. D'un autre groupe cinq furent tirés au sort, dont quatre furent fusillés et un fut épargné après que, démoralisé par le spectacle de l'exécution, il eût déclaré qu'il était prêt à travailler.

Le traitement adopté par l'Autriche pour les prisonniers de guerre fugitifs et recapturés, n'a pas été en bien des cas moins en contradiction avec les règles du bon droit et de la loyauté. Précisément parce que la prison de guerre apporte une privation temporaire de la liberté personnelle, et n'est justifiée que par le but d'empêcher les ennemis capturés de continuer à combattre, les prisonniers fugitifs et repris (Règlement de la Haye, art. 8) avant d'avoir pu rejoindre leur corps, ou d'être sortis du territoire occupé par l'armée qui les avait capturés, sont passibles seulement de peines disciplinaires ; si, au contraire, après avoir réussi à s'évader, ils sont par la suite faits de nouveau prisonniers, ils sont indemnes même de toute punition disciplinaire pour la fuite précédemment accomplie avec succès.

L'Italie, après plus de deux ans de guerre, peut affirmer que ces clauses n'ont jamais été violées par son armée. Nombreux sont les cas de tentatives faites sans succès par des militaires autrichiens prisonniers ; mais si ces prisonniers ont été punis de peines disciplinaires ou plutôt soumis à une limitation plus étroite de leur liberté personnelle, on ne saurait citer un seul cas où des pénalités leur auraient été infligées comme si, capturés pendant leur fuite, ils avaient été saisis en flagrant délit. On peut au contraire citer à la charge des Autrichiens non seulement des punitions disciplinaires excessives, mais aussi des peines cruelles qui suscitent l'indignation et l'horreur, et qui paraîtraient invraisemblables si elles n'étaient démontrées vraies par des documents provenant de l'ennemi lui-même. Quatre soldats italiens prisonniers en Hongrie, ayant reussi à s'enfuir de Sigmundsberg où ils étaient internés, après avoir parcouru 160 kilomètres sur route et traversé heureusement le Danube, et être parvenus à 25 kilomètres de Krems, furent repris alors qu'ils se flattaient de pouvoir franchir bientôt la frontière roumaine. Ils furent punis d'une très forte amende et de quarante jours de cellule, aggravés du manque de lumière et des fers aux mains et aux pieds. Mais cela est bien peu de chose en comparaison du traitement infligé à trois prisonniers russes, évadés des groupes autrichiens n.os 490 et 500 des prisonniers de guerre, qui, en septembre 1916, ont été repris avant d'avoir complété leur évasion et fusillés sur les lieux mêmes et sans procès. Le fait est attesté par des documents séquestrés sur des officiers autrichiens faits prisonniers (extrait des bulletins de l'Armée Impériale et Royale, n.º 124, du 27 septembre 1916). A l'annonce de l'exécution faisait suite, dans l'un des documents : « l'ordre suivant sera communiqué à tous les prisonniers de guerre » ; ordre qui équivalait, sinon à l'aveu d'avoir donné aux autorités militaires subalternes l'ordre d'agir comme elles l'avaient fait, du moins à la pleine approbation de leur conduite, implicitement signalée comme un exemple qui devait être ensuite imité.

Les témoignages recueillis le 11 mars 1917 auprès des prisonniers inaptes au service de guerre et rapatriés par voie d'échange, ont démontré que nos prisonniers ont été victimes, dans des circonstances analogues, de crimes semblables. D'un groupe de ces derniers, envoyés à Durazzo pour y effectuer, au mépris des lois de la guerre, des travaux de tranchée et autres ouvrages de fortification, vingt-six réussissaient à s'enfuir un des derniers jours de mai 1916. Trois ou quatre jours plus tard, le capitaine commandant le groupe ordonna aux prisonniers de se mettre en ligne, et les avertit que si les fugitifs ne se livraient pas, il ferait procéder à l'exécution des autres. Après plusieurs jours, cinq sur les vingt-six se présentèrent : les soldats Caponi, du 50ᵉ d'Infanterie ; Fadini, du 51ᵉ ; Vaccato du 10ᵉ Bersagliers ; le caporal-major Rotoli, du 117ᵉ d'Infanterie et un soldat du 82°. Par ordre du capitaine commandant le groupe, ils furent attachés à un poteau et fusillés en présence des autres prisonniers, qu'on avait obligés à creuser la fosse de leurs compagnons. En vain les cinq fugitifs revenus de leur plein gré invoquèrent la pitié, sans savoir qu'ils auraient pu bien plutôt réclamer, au nom des lois reconnues par l'Autriche elle-même, leur droit à la vie ; en vain Rotoli, père de trois enfants, supplia en leur nom qu'on l'épargnât. Le capitaine hongrois, inaccessible à tout sentiment de pitié, comme d'autres officiers hongrois dénoncés par leurs victimes, fit consommer son crime dans l'après midi du 6 juin 1916. Ces crimes, et l'excitation à les commettre, ordonnés explicitement ou implicitement par les autorités austro-hongroises à leurs subordonnés, présentent une gravité d'autant plus grande que, par les articles 8 et 12 du Règlement de la Haye, les Puissances signataires n'avaient que confirmé à nouveau, sur la question du traitement des prisonniers échappés, des principes déjà en vigueur dans les rapports hostiles entre Etats civilisés. (Voir les Instructions américaines de 1863, art. 77, 78 ; Manuel d'Oxford de 1880, de l'Institut de Droit international, art. 68, § 2 et 3 et art 78 ; Déclaration de Bruxelles de 1874, art. 28).

La certitude de la contrainte de la clause violée par l'Autriche dans les cas ici rapportés, résultait de ceci : que tant elle-même que la Russie avaient ratifiée, et que l'Italie entrant en campagne avait déclaré vouloir observer comme si elle l'avait ratifiée, la IVe Convention de la Haye de 1907, y compris l'article 1, par lequel les Puissances contractantes s'engageaient à conformer les instructions qu'elles donneraient à leurs troupes, en campagne, au Règlement-type annexé à la Convention. Le caractère de préméditation de la violation autrichienne apparaît avec évidence dans l'ordre sus-mentionné, ordre qu'il était opportun de faire connaître le plus largement possible pour en faire juge la conscience du monde civilisé.

Après la répression de la dernière rébellion irlandaise, l'opinion publique anglaise réclama une enquête sur les actes de ces agents de la force publique qui, à Dublin, avaient tué, hors du combat, les trois rebelles Skeffington, Dickson et Mac Intyre, et, devant la Commission d'enquête spécialement réunie, fut réaffirmé ce principe que, *dans tous les siècles, la mise à mort des prisonniers, sans jugement, a toujours été regardée comme des plus détestables.*[1] Qu'on considère ensemble deux règles aussi différentes : celle affirmée devant la Commission d'enquête anglaise au profit de sujets rebelles, soumis d'ailleurs aux

---

[1] « In every age, the killing of prisoners without trial, has been considered as most heinous ».

rigueurs de la loi martiale, et contre lesquels on pouvait invoquer l'imputation d'un crime grave ; et celle appliquée, en violation ouverte du droit des gens, contre des prisonniers de guerre auxquels, du fait seul de la tentative d'évasion, aucune imputation de caractère pénal ne pouvait être formulée, et l'on comprendra suffisamment quel abîme sépare les deux mentalités et les deux consciences manifestées de deux manières si opposées.

Commises en violation de solennels engagements internationaux, et en opposition avec les règles fondamentales du droit pénal en vigueur chez tous les peuples civilisés, ces exécutions sommaires de prisonniers fugitifs, ainsi que le massacre de prisonniers après leur reddition, et leur mauvais traitement pendant leur détention, constituent, même pour l'Etat auquel appartiennent les victimes, de véritables crimes qui devraient exposer leurs auteurs aux sanctions de ses lois pénales.

Quelle différence on observe dans la conduite des autorités militaires et judiciaires italiennes, qui n'ont jamais cessé d'assurer à des prisonniers autrichiens accusés de crimes très graves, commis contre des militaires italiens, toutes les garanties de la défense et d'une procédure régulière ! En juin 1916 furent traduits en justice, devant le tribunal militaire de guerre du VII° Corps d'Armée, les deux prisonniers autrichiens Olimpic Cvetozar et Ravic Ilija, du 70° d'Infanterie, accusés d'avoir tué, entre le 5 et le 10 juin 1915, dans les environs de Selz, en lui brisant le crâne à coups de crosse de fusil, un soldat italien qui, blessé et tombé à terre au cours d'un combat, implorait du secours : ils avaient ensuite dépouillé son cadavre. L'inculpation, même si elle n'avait pu se soutenir par d'autres raisons, était justifiée par les articles 4 et 6 de la loi du 30 juin 1912 sur la protection des blessés

et des malades de guerre, promulguée en exécution de
l'engagement pris dans l'article 28 de la Convention de
Genève du 6 juillet 1906. La dénonciation était parvenue
le 22 mai 1916 contre l'autre prisonnier de guerre Jaksic
Stefano. L'instruction fut engagée, et recueillit diverses
dépositions de prisonniers, et le témoin Klum Ivan déposa
lui aussi, qu'il avait entendu l'accusé Olimpic Cvetozar
se vanter d'avoir tué des prisonniers italiens et violenté
des femmes italiennes. Mais le crime pour lequel les deux
prisonniers étaient traduits en jugement résultait du seul
témoignage du soldat Jaksic, dont la déposition était
tenue pour incertaine et contradictoire, et sa valeur diminuée par les rancunes existant entre accusateurs, témoins et accusés, appartenant à des religions différentes
et à des partis opposés, et attachés à des aspirations politiques antagonistes. Jaksic, persécuté par Olimpic, Ravic
et ses autres compagnons d'armes bosniaques de religion
grecque-orientale, était soupçonné d'avoir voulu se venger d'eux en les accusant ainsi ; l'identité de la victime
présumée n'avait pas été déterminée, et les indices recueillis contre l'accusé s'atténuaient du fait de ses rapports connus avec ses accusateurs ; si bien que le tribunal
de guerre du VIIe Corps d'Armée, chargé de l'affaire, con-
clut dans son jugement du 18 novembre 1916 « ne pas pouvoir, sur de vagues conjectures et sur la seule affirmation
de témoins suspects, affirmer la responsabilité des accusés », et en prononçait l'acquittement.

D'un côté l'exécution sans jugement ni possibilité de
défense, de fugitifs qui ne pouvaient être tenus juridiquement responsables d'aucun crime, et le massacre répété
de prisonniers qu'on aurait dû interner en respectant
leur existence ; de l'autre, même à des prisonniers imputés
d'un crime très grave, et en outre, pour d'autres motifs,

suspects et indignes de toute sympathie, susceptibles même d'une application de représailles, s'étendent toute la protection de la loi et toutes les garanties de la justice.

Le rapprochement de ces deux modes de conduite est plus éloquemment démonstratif qu'aucune argumentation polémique. Il en dérive pour nous l'incontestable droit de répondre à nos ennemis qui, ivres de vin et de haine, s'acharnent par la violence et l'injure contre nos prisonniers, et d'adresser nos actions de grâces à la bonté divine de ce qu'elle a daigné nous faire différents de nos ennemis.

· IX.

Le droit de guerre
et l'occupation des territoires de l'ennemi.

Le droit moderne de guerre a distingué avec précision la valeur définitive de la conquête, qui détermine le passage de la souveraineté d'un territoire d'un Etat à un autre, du caractère provisoire de l'occupation armée, qui n'implique qu'une modification transitoire dans les conditions de fait et de droit du territoire occupé. Les autorités d'un belligérant qui, au cours de la guerre, peuvent disposer militairement d'une partie de l'Etat ennemi, y exercent, dans les limites des nécessités militaires, un droit d'empire; mais, en dehors de ces limites, elles ne sont investies, par l'administration de ce territoire, et par le gouvernement de ses habitants, que d'une représentation nécessaire de l'Etat ennemi, empêché d'y exercer la souveraineté qui continue cependant de lui appartenir jusqu'à la conclusion du traité de paix.

C'est de cette distinction que s'est inspiré le Règlement de la Haye qui, dans sa Section III, définit et règle l'occupation de guerre, et traite de l'autorité militaire sur le territoire de l'Etat ennemi (art. 42-56). Le gouvernement italien était à ce point résolu à observer ces règles, en cas de guerre, et à les rendre obligatoires pour ses forces armées, qu'il avait rédigé, pour leur correspondre fidèlement, le Règlement du service de guerre (1ère partie, Services des troupes). En tout ce qui concerne l'occupation de guerre, ce Règlement (§ 371) rendait obligatoire pour notre armée, independamment de l'existence et de notre ratification des obligations internationales, l'observation des principes codifiés dans le Règlement de la Haye : « Possession et usage des propriétés publiques (Règl.^{t} de la Haye, art. 53 et 55 ; Service de guerre § 371, chap. 1er). — Respect de la propriété privée à l'exception des armes, des munitions et autre matériel utile à l'armée (Règl.^{t}, art. 46, 47 et 53 dernière partie, Serv. § 371, chap. 1er). Ces derniers pourtant devront être restitués avec indemnité, ou remboursés à la conclusion de la paix. — Respect des biens consacrés aux cultes, à la charité, aux arts et aux sciences, même s'ils appartiennent au gouvernement ennemi (Règl.^{t}, art. 56 ; Serv. § 371, chap. 2). — Limites des taxes, réquisitions et contributions imposables aux populations du territoire occupé (Règl.^{t}, art. 48, 49 et 52 ; Serv. § 371, chap. 1, 3, 4 et 5). — Modes de garantie de leur imposition, destination et repartition (Règl.^{t}, art. 51 ; Serv. § 371, chap. 6). — Faculté accordée aux troupes de pourvoir au maintien de l'ordre et à leur propre sûreté par tous les moyens (Règl.^{t}, art. 43 ; Serv. § 371, chap. 4). — Respect, sauf empêchement absolu, des lois en vigueur dans le pays (Règl.^{t}, art. 43). — Abstention de forcer la population du territoire occupé à prêter à l'occupant serment de fidélité, et à lui fournir des informations sur les mouvements de l'armée nationale repoussée du territoire occupé ou sur ses moyens offensifs et défensifs (Règl.[t], art. 43, 44 et 45; Serv. § 371, chap. 8 et 10). — Interdiction de soumettre à des peines collectives, pécuniaires ou autres, les habitants du territoire occupé, pour des faits individuels dont la population ne peut être considérée solidairement responsable (Règl.[t], art. 50 ; Serv. § 371, chap. 11) ».

C'est ainsi que notre droit militaire intérieur était mis en correspondance avec les obligations internationales qu'au commencement de la guerre notre Pays déclarait vouloir respecter. Et à ces règles, librement reconnues et adoptées en temps de paix, ont correspondu scrupuleusement, durant tout le cours de la campagne, aussi bien le développement de notre législation de guerre que l'action de nos autorités militaires et politiques et la conduite de nos troupes dans les territoires occupés.

Le degré de civilisation de l'occupant se manifeste, immédiatement après l'occupation, dans le traitement des habitants, dans le respect de leur vie et de leur propriété, et dans l'abstention de la dévastation et du pillage (Règl.[t], art. 44, 46 et 47). A tous ces points de vue, nos troupes se sont positivement distinguées ; négativement au contraire celles de l'ennemi. L'adhésion de l'Italie à ces règles spécifiquement définies de l'occupation de guerre apparaît claire dans les manifestes et ordres adressés aux populations des territoires occupés par elle, et qui étaient de nature à les rassurer sur la protection garantie aux citoyens pacifiques, tout en menaçant, de graves peines ceux-là seuls qui se livreraient à des actes de rébellion. Un exemple typique de ces proclamations est celle du général Brugoni du 19 juin 1915 aux habitants de la rive droite de l'Isonzo, qui distingue de la levée en masse antérieure à l'invasion du territoire, et qui doit être reconnue comme un acte de belligérants légitimes, la rébellion des habitants postérieure à l'occupation, qui peut et doit être réprimée comme un crime, et soumettre les rebelles aux plus extrêmes rigueurs de la loi martiale (Règl.[t], art. 2 et 3).

Ces Proclamations et Ordres de nos autorités militaires, recueillis par la section historique de l'Etat-Major, au Ministère de la guerre, et par la Société pour l'Histoire du Risorgimento, demeureront des documents précieux de notre constance à observer les principes directeurs de l'occupation belliqueuse, tout en maintenant dans les plus étroites limites les rigueurs indispensables à la sécurité des troupes et en assurant, quand la sécurité de ces troupes le permet, la protection des habitants paisibles et les conditions normales de leur existence.

En relation avec les règles de droit militaire intérieur adoptées pendant la paix en prévision d'une guerre future, et avec la législation de guerre instituée pendant cette campagne, il importe de considérer la conduite des troupes italiennes et celle des troupes autrichiennes dans les territoires qu'elles ont respectivement occupés. Tandis que les soldats autrichiens, avant d'abandonner Gorizia, se livraient dans les territoires qu'ils prétendaient défendre, au pillage de la propriété privée, de notre côté au contraire, tout ce qui a été trouvé de précieux pour l'art ou l'histoire dans les palais ou villas abandonnés par leurs propriétaires, a été inventorié et mis en sûreté. Les Tombes des Bourbons, situées au nord de la ville, dans le couvent des Franciscains de la colline de Castagnavizza, avaient été, contrairement aux affirmations des journaux autrichiens, non seulement respectées par notre artillerie pendant le bombardement, mais, la constation ayant été faite, après l'occupation, que sur la tombe du duc de Chambord il manquait la couronne royale qu'un groupe de légitimistes français y avaient placée en 1883, la couronne fut recherchée par les autorités italiennes, retrouvée dans une maison de la Via Ponte-Nuovo, et remise à sa place. Et la riche bibliothèque de ce couvent que les frères, avant de s'enfuir en Autriche, avaient cachée dans les tonneaux de leurs caves, où l'humidité avait rapidement commencé d'accomplir son œuvre, a été rassemblée et placée en un autre lieu à l'abri des projectiles autrichiens, qui, après notre occupation, n'ont épargné ni le couvent, ni son église.

L'Autriche n'a pu donner que peu de temps, en terre italienne, l'exemple de la manière dont elle comprend et pratique l'occupation des territoires ennemis ; mais cet exemple est tel qu'il suffit à la mettre au premier rang, à cet égard aussi, pour tout ce qui répugne à la conscience d'un belligérant loyal, et doit être réprouvé par la conscience du monde civilisé. Quand les troupes ennemies occupèrent quelque temps le plateau d'Asiago, ils firent suivre la destruction d'édifices qui auraient dû être respectés, accomplie au cours du combat, d'autres violations flagrantes du droit des gens : dévastations et déprédations, et dès le début de l'occupation. Cet exemple typique de leur mépris et des clauses qui devraient sauvegarder, dans les limites du possible, même pendant le combat, les habitants paisibles, les localités non défendues et les édifices ayant une destination pacifique, et de celles qui imposent aux belligérants le respect des propriétés privées et l'interdiction du pillage en territoire ennemi pendant l'occupation, s'est surtout manifesté dans le traitement infligé à la Commune d'Asiago au commencement de l'occupation autrichienne.

D'autant plus grave a été alors de la part des Autrichiens la violation des articles 28 et 47 du Règlement de la Haye, qui interdisent formellement le pillage, que ce dernier fut conduit avec plus de discipline dans la manière et de sélection dans les choses, et ne peut plus dès lors être considéré comme déterminé seulement par l'impulsion effrénée d'une troupe échappée temporairement à l'empire de ses chefs, mais bien plutôt comme une violation consciente et méthodique, de la part de ces derniers, de l'une des règles les plus certaines du droit de la guerre. Notre retour retrouva intacts, à la station d'Asiago, les traverses et les rails et en général les Autrichiens n'emportèrent du pays aucun objet de fer, et les scieries furent retrouvées indemnes avec leur stock de bois, au point de pouvoir y reprendre le travail immédiatement. Au contraire, presque aucun objet de cuivre ne fut laissé à Asiago et à Gallio. Les matelas de crin végétal ne furent point touchés, mais ceux de laine furent tous emportés, à l'exception d'un seul retrouvé dans la maison Segafreddo ; et l'église San Matteo d'Asiago fut dépouillée du trésor de sa sacristie. Tout cela démontre que le Commandement autrichien doit être tenu pour responsable du pillage. Et il était naturel que, adoptant une telle conduite, les chefs fussent incapables de réfréner le pillage des troupes, qu'un tel exemple incitait à les imiter. Les soldats firent en effet main-basse sur le contenu des habitations privées ; en sorte que, aujourd'hui encore, nous arrive des tranchées du mont Roccolo le son des pianos et des mandolines. Et l'ennemi n'a pas manqué d'en confesser la provenance, en criant à nos soldats, d'une tranchée à

l'autre, avec l'accent de la vantardise et de la dérision:
« Tout ceci est à vous ».

Ce ne fut pas là une exception pour le Commandement
et les soldats autrichiens. Les détails de l'occupation de
la Serbie recueillis par le Gouvernement serbe et communiqués par M. Pachitch, ministre des Affaires Etrangères
aux Etats signataires de la Convention de la Haye, en
septembre 1916, en fournissent la triste preuve. Il résulte
de la déposition d'un habitant neutre du 25 janvier 1916,
que les officiers et les soldats des troupes occupantes entraient dans les boutiques et, sans payer, y prenaient ce
qu'ils désiraient (pag. 47, n. 66 de la *Note adressée par le
Gouvernement royal de Serbie aux Gouvernements*, etc. etc.,
Paris, Impr. Lahure, 1916). Et de la déposition n. 68, en
date du 2 février 1916, d'infirmières neutres venues de
l'hôpital du Docteur Dragomirovitch de Tchatchak, il
résulte que « les Autrichiens pénétraient pour piller dans
toutes les maisons dont les propriétaires s'étaient absentés,
même momentanément. Ils entraient aussi dans les maison habitées, et là ils prenaient tous les objets ayant
quelque valeur : les tapis de Pirot surtout ; ils exigeaient
qu'on leur certifiât par écrit que ces objets leur avaient
été vendus et qu'ils les avaient payés comptant ».

C'est exactement le contraire de tout ceci que faisaient les autorités italiennes dans les territoires qu'elles
venaient d'occuper. Elles y protégeaient avec un soin
spécial les maisons abandonnées par les fugitifs et, à la
demande personnelle du Roi d'Italie, retiraient du Cha-
teau de Spessa près de Cormons, appartenant au baron
Economo, plusieurs très beaux tapis d'Orient, et les
plaçaient en lieu sûr à la disposition du légitime propriétaire.

Du palais royal de Belgrade (*ibid.*, doc. n.º 70, p. 49, n.º 75, et p. 50, n.ºs 77 et 78) furent emportés tous les meubles ; et des objets volés dans le palais furent vendus par les soldats dans les rues. Les magasins de la capitale furent mis à sac ; de l'un des plus riches fut enlevé pour plus de 200,000 francs de marchandises, et le pillage continua pendant deux semaines après l'occupation. Du couvent de Detchani, fondé en 1200 par le roi de Serbie Stéphane Detchanski (v. *Note* cit., p. 109, n.ºs 165 et 166 : extraits du *Pesti Hirlap* du 3 et 4 août 1916), les antiquités les plus précieuses furent transportées au *Hof Museum* de Vienne. Une armée européenne y viola et en dispersa les trésors de la foi et de l'art que, de 1389 à 1912, les conquérants et dominateurs musulmans n'avaient cessé de respecter. Et le 27 avril 1916 on sut (*ibid.*, p. 110, n.º 167), par la déposition d'un évadé des territoires occupés, que toutes les églises et tous les couvents y avaient été saccagés ; que les couvents de Gorniak et de Ravanitza fondés par le roi de Serbie Lazare, tombé à Kossovo en 1389, celui de Bukovo et celui de Manassia élevés par Stéphane Vissoki fils de Lazare, étaient ceux qui avaient le plus souffert ; qu'à coups de marteau et de hache on y avait détruit les inscriptions, et que les livres et les manuscrits avaient été en grande partie brûlés. Et ces sanctuaires nationaux de la Serbie avaient été respectés pendant cinq siècles par les autorités et les troupes ottomanes, pour être livrés au pillage des autorités et des troupes d'un de ces Etats qui, après la paix de Vienne, en septembre 1815, avaient obligé la France, pour lui donner « une grande leçon de morale », comme il est écrit dans un de ces documents, à restituer à leurs légitimes propriétaires partie des trésors d'art et d'histoire qui, des pays occupés et conquis, avaient été transportés à Paris pendant la période révolutionnaire et impériale.

L'Italie, au contraire, dans tous les territoires occupés par elle, loin de détruire, conserva, comme elle l'avait fait à Aquileia et à Gorizia, et laissa sous sa garde aux lieux que les abritaient, tous les objets qui constituent la richesse historique et archéologique de la région, ou sont, pour des motifs de religion, un trésor encore plus précieux de ses populations. Et l'on ne saurait dire que l'Italie n'adopte cette conduite que parce qu'il s'agit en réalité de territoires nationaux revendiqués par la Patrie en armes, et non seulement de territoires ennemis occupés par les troupes. La même conduite a été suivie pendant la dernière guerre d'Afrique, dans le traitement des territoires occupés et de leurs populations, tant en Tripolitaine et en Cyrénaïque que dans les îles du Dodécanèse. Et nos autorités et nos troupes n'agissent pas autrement aujourd'hui dans les lieux occupés par les forces militaires italiennes en quelques parties de la Péninsule balcanique.

Le régime des territoires occupés par l'Italie a donc toujours été inspiré par cette idée, que l'on pourrait presque dire orthodoxe, de l'occupation belliqueuse. L'empire du droit constitutionnel de l'Etat auquel un territoire appartient, y reste suspendu pendant toute la durée de l'occupation ennemie ; mais il s'y substitue, non point le droit constitutionnel de l'Etat occupant, mais son régime militaire provisoire. Quant à la législation administrative et au droit privé et pénal, la règle est la persistance des lois en vigueur au moment de l'occupation, et l'exception est la substitution à ces lois du droit commun en vigueur chez l'Etat occupant, ou de sa législation de guerre. Le principe directeur qui détermine la persistance de la règle ou l'établissement de l'exception, est la nécessité dérivée des intérêts politiques et militaires de l'Etat occupant. C'est à cela précisément que se rapportent les expressions : « autant qu'il est possible » et « sauf empêchement légitime », qui restreignent la règle du respect des « lois en vigueur dans le pays occupé » selon l'art. 43 du Règlement de la Haye. Le même critère vaut aussi pour le maintien ou le remplacement des autorités établies dans l'Etat occupé: celles qui ont caractère politique sont *de facto* éliminées et remplacées par les autorités de l'Etat occupant ; et celles de caractère administratif et judiciaire sont maintenues en fonction jusqu'à ce que, pour des raisons d'ordre public, elles soient évincées par des arrêtés individuels et non collectifs.

C'est à ces règles que se conforment l'Ordonnance du Commandement Suprême du 25 juin 1915, qui reconnaît les fonctionnaires administratifs et judiciaires de l'Etat du territoire occupé, et les maintient provisoirement dans leur charge, sur leur demande, par arrêtés du Secrétaire-Général des Affaires Civiles, et celle du 2 juillet 1915 qui arrête que, dans les territoires autrichiens occupés par l'armée italienne, les juges de paix continueront à administrer la justice selon le droit en vigueur et dans les limites actuelles de leur juridiction territoriale, et décide que les jugements et autres décisions des juges de paix seront rendus en une formule différente, aussi bien de celle des jugements émanés des magistrats de l'Etat ennemi que de celle des jugements prononcés en Italie. On en pourrait dire autant de l'autre Ordonnance du 10 avril 1916 qui assigne en outre aux mêmes juges de paix les attributions appartenant, selon les principes du droit autrichien, aux tribunaux de commerce et aux autres collèges investis de juridiction commerciale.

Quant au régime tributaire des territoires occupés, l'Ordonnance du 18 janvier 1916 en confiait, pour chaque tribut et pour tout le territoire occupé (art. 1), la détermination au Secrétaire-Général pour les Affaires Civiles, disposant qu' « on y pourra continuer, jusqu'à nouvelles dispositions, la perception des octrois et des autres impôts de consommation, dans une proportion non supérieure à celle en vigueur en 1915 et dans le premier semestre de la présente année (1916) ». On n'y étendait donc point le régime fiscal de l'Italie, mais on n'y maintenait pas non plus le régime fiscal antérieur. Plutôt, tempérant l'un par l'autre selon la nécessité de la guerre, on admettait (art. 4) que « l'imposition de nouvelles contributions et l'augmentation des impôts existants dans les communes des territoires occupés, pouvait être autorisées par le Secrétaire-Général des Affaires Civiles ».

C'est de cette nécessité que s'inspirait l'Ordonnance du Commandement Suprême italien du 17 octobre 1916, laquelle stipulait que « les dispositions établies pour des besoins urgents et extraordinaires de l'économie nationale, ayant valeur de loi pour le territoire italien, pourront être étendues aux territoires occupés par les armées du Roi », mais il était réservé « au Sécretaire-Général pour les Affaires Civiles de prononcer cette extension, avec les modifications requises par la situation et par l'organisation des territoires occupés ».

Les mêmes principes ont été suivis après l'occupation de Vallona. Le décret du 23 mai 1916, du Général Commandant l'Armée, stipulant la composition des corps judiciaires de ce territoire, établissait (art. 5) que, « en matière de droit, tant matériel que formel, resteraient applicables dans ce territoire les lois antérieurement en vigueur, ainsi que les règles et habitudes locales ; et que, en matière pénale, devaient prévaloir les habitudes locales pour l'atténuation de la responsabilité (art. 9) et que l'âge de la majorité serait déterminé selon le statut personnel (art. 10).

Et lorsque la compétence du Commissaire des Eaux, institué pour les provinces vénitiennes et de Mantoue, fut étendue aux territoires occupés au-delà de l'ancienne frontière, bien que cette mesure répondit à une nécessité imprescriptible d'utilité publique, on affirma en même temps le caractère temporaire et provisoire de cette mesure, sauf à adopter en leur temps des mesures définitives à cet égard (Décret du Lieutenant du Roi, 3 septembre 1916, n.° 1236).

En outre, dans les Proclamations du 17 juin et 31 juillet 1915 et dans le Règlement du 1er octobre 1915 pour la circulation en véhicules rapides, le passage et le séjour dans la zône de guerre ; dans l'Ordonnance du Commandement Suprême du 25 juillet 1916 sur la prohibition de la chasse avec armes à feu, et dans celle du 22 septembre 1916 sur la prohibition de la chasse par des moyens quelconques (art. 2), ces dispositions sont établies d'une façon particulière pour les territoires occupés, sans recourir à l'extension des règles en vigueur dans le territoire de l'Italie en général ou dans les provinces italiennes contiguës qui constituaient la zône de guerre. Egalement, par l'Ordonnance du 17 octobre 1916, il était réservé à l'Etat la vente de toutes espèces d'allumettes pour la consommation des territoires occupés, et par celle du 16 octobre 1916 étaient établies la gestion et la surveillance des services hygiéniques pour la population civile, et l'on fixait des mesures spéciales pour ces territoires, sans exclure tout à fait les dispositions antérieurement en vigueur (art. 39) mais en complétant et en modifiant ces dispositions.

Quant à la juridiction pénale, on conservait, dans les limites fixées par le droit de guerre, la compétence des autorités judiciaires existantes et reconnues par le Commandement Suprême de l'Armée, ou bien instituées par lui dans le territoire occupé. Et l'avocat-général militaire Vico, répondant à une question que lui posait le 31 août 1916 l'avocat fiscal militaire du IIme Corps d'Armée, resserrait la formule de ces principes. En effet, qu'il s'agît de militaires ou de personnes soumises à la juridiction militaire, inculpés de crimes commis en territoire militairement occupé et non ressortissants de la compétence militaire conformément au code pénal de l'Armée ou aux ordres militaires, il admettait dans tous les cas la compétence militaire. Si dans le territoire occupé n'existe plus une autorité judiciaire commune constituée et en exercice, la justice militaire devra de nécessité être saisie, même contre les crimes et les délinquants non militaires, pour éviter que la faute reste impunie. Si le territoire occupé possède une autorité judiciaire, soit instituée avant l'occupation, ou reconnue après l'occupation par le Commandement Suprême, ou par lui instituée, les militaires restent également justiciables de le juridiction militaire, sauf dispositions différentes du Commandement Suprême de l'Armée occupante, l'armée portant toujours avec soi ses lois et ses juges ; et les tribunaux militaires appliqueront les lois pénales communes de l'Etat occupant lorsque ne seront applicables ni le code pénal de l'Armée ni les Ordonnances militaires. Ainsi, par exemple, pour un homicide criminel dont serait inculpé un militaire, les tribunaux militaires devront appliquer l'article 371 du code pénal commun, quand il ne sera pas possible d'appliquer l'article 232 du code pénal de l'Armée.

La compétence des juges de paix et celle des tribunaux de première instance ou de simple police, persiste donc pour les délits commis dans leurs juridictions respectives, à l'exception des délits de caractère militaire, quel qu'en soit le coupable, et ceux de toutes espèces dont seraient inculpés les militaires de l'Armée occupante.

Ces principes inspirent encore l'Ordonnance du Chef de l'Etat-Major de l'Armée du 5 mars 1917. Il y est disposé (art. 2) que dans les territoires occupés par l'Armée italienne hors des frontières du Royaume, seront soumis à la juridiction militaire, non-seulement les militaires mais aussi ceux qui auront emploi ou ingérence auprès des Etats-Majors, administrations ou services annèxes de l'Armée, ou seront tenus à des prestations ou à des soumissions au profit de l'Armée les personnes attachées au service privé des personnes ci-dessus énoncées, et les prisonniers de guerre. Les effets de cette même disposition sont étendus (art. 1) dans toute la zône de guerre, à tous ceux qui y commettraient quelque délit de complicité ou d'association avec les personnes plus haut indiquées, ou se rendraient coupables de voies de fait contre elles.

La même Ordonnance confirme (art. 2, al. 2), pour tous les délits non prévus par le code pénal de l'Armée ou les Ordonnances du Commandement Suprême, l'application du code pénal commun et des autres lois en vigueur en Italie. De tout cela résulte implicitement la conservation, dans les limites du possible, de la juridiction ordinaire et du droit pénal commun, pour les délits communs imputés à des habitants appartenant à la population civile du territoire occupé, limitant la prévalence exclusive de la juridiction militaire aux catégories de personnes particulièrement énumérées.

Que si, aux Ordonn. du 2 juillet 1915 et du 5 mars 1917, qui n'ont pas fait d'exception quant à la juridiction pour les délits communs commis par des personnes soumises à la justice militaire, mais les ont exclus dans l'art. 5 de la première et l'art. 2 de la seconde, on substituait une autre disposition qui soustrairait à la juridiction militaire, en tout ou en partie, les délits communs commis en territoire occupé, dont se seraient rendus coupables des justiciables de la juridiction militaire, dans ce cas, pour des raisons évidentes, la compétence régionale devrait être modifiée pour investir de l'autorité judiciaire des tribunaux communs jugeant en dehors du territoire occupé.

X.

Le gouvernement des territoires occupés.

Tandis que les autorités italiennes apportaient tant de soin à mitiger les exigences de l'occupation belliqueuse par le respect du droit en vigueur avant l'occupation du territoire envahi, les autorités autrichiennes traitaient les régions occupées en terrain conquis. C'est ainsi qu'agissait l'archiduc Frédéric dans son Ordonnance du 28 juin 1916 relative aux territoires serbes. Par cet acte, l'autorité autrichienne, légiférant pour le pays occupé, donnant à ses propres mesures législatives un effet rétroactif, et soumettant au jugement des tribunaux militaires des faits qui ne concernaient point la sécurité actuelle de son armée et de son administration, et des faits antérieurs à la guerre elle-même ; et imposant aux particuliers, en rapport avec la guerre, une responsabilité pénale, là où il ne pouvait s'agir que d'une responsabilité politique de leur Gouvernement, il violait, avec les principes fondamentaux du Règlement de la Haye, les règles les plus essentielles du droit (Note Serbe cit., pag. 11 et 12).

Les affaires pénales étaient attribuées exclusivement aux juridictions militaires établies auprès des préfectures ; et pour les causes civiles, un juge était délégué auprès de chaque préfecture, et une section du gouvernement militaire de Belgrade était investie des fonctions de juge d'appel aux décisions des juges départementaux (l. c., p. 15).

Tandis que, par la nature même de l'occupation belliqueuse, il importe que le régime fiscal, considéré comme organisme d'état du territoire occupé, reste ce qu'il était avant l'occupation, et soit géré par l'occupant selon les intérêts locaux, en représentation de l'Etat auquel ce territoire continue légalement à appartenir, les autorités autrichiennes n'ont pas hésité à traiter, même au point de vue financier, les régions occupées comme des territoires annexés. Indépendamment des contributions et des réquisitions prélevées pour raisons militaires, le régime fiscal du pays était modifié et de nouvelles contributions étaient imposées à la population (loc. cit., p. 61); et cette dernière, alors qu'on pensait à préparer avec une apparence de légalité sa conscription militaire, était obligée de contribuer aux emprunts de guerre de l'ennemi (loc. cit., p. 81).

Contrairement aux caractères établis de l'occupation, les autorités autrichiennes contribuaient par tous les moyens à la dénationalisation du pays occupé.

En avril 1915, le n.º 52 de la *Beogradske Noviné*, organe de l'administration austro-hongroise en Serbie (cité dans la Note Serbe, p. 101, n.º 157), annonçait que « l'on a commencé depuis plusieurs jours à enlever toutes les inscriptions en caractères cyrilliens qui se trouvaient dans les maisons, et à les remplacer, comme aussi pour l'indication du nom des rues et des stations, par de nouvelles inscriptions en caractères latins ». En quoi, en dehors de l'abus des pouvoirs résultant de l'occupation belliqueuse, qui devraient être considérés comme transitoires et agir dans un esprit conservateur partout où les exigences militaires n'imposent pas une autre conduite, on voyait se manifester une fois de plus le génie oppresseur et anti-national de cette domination, qui s'acharne à éliminer de l'écriture et de l'imprimerie des pays slaves orthodoxes ces caractères cyrilliens qu'elle s'efforce en même temps d'imposer à ses populations italiennes et catholiques.

Quant au régime de la propriété publique et privée, les autorités d'un belligérant qui occupe un territoire ennemi sont obligées à y respecter, dans les limites des nécessités militaires, les lois et les règlements qui y sont en vigueur. Aussi l'art. 55 du Règlement de la Haye considère-t-il l'Etat occupant comme simple administrateur et usufruitier des édifices publics, des biens immeubles, des bois et des entreprises agricoles situés dans le pays occupé et appartenant à l'Etat ennemi. Il devra donc, lorsqu'il en use, préserver le capital de ces propriétés et l'administrer conformément aux règles de l'usufruit. La destruction ne sera justifiée par la force majeure que si elle est produite au cours du combat ; la nécessité militaire justifiera la disposition de la propriété publique et l'expropriation de la propriété privée selon les règles suivies, comme nous l'avons montré, par les autorités italiennes. En dehors de ces nécessités pour les biens de l'Etat et des établissements publics subordonnés à l'Etat, l'usage et l'utilisation devront se concilier avec la conservation. C'est conformément à ces principes que se sont développées notre législation de guerre et la conduite de nos autorités. C'est en contradiction avec ces principes que se sont développées la législation et la conduite de notre ennemi. Si nous avons dû emprunter les exemples de ces dernières surtout aux territoires conquis par l'ennemi en Serbie, c'est à cause de la durée éphémère de son occupation d'une partie de notre territoire ; mais les destructions d'édifices publics et l'abattage des forêts sur le Haut Plateau d'Asiago démontrent quelle y a été, à cet égard aussi, la règle de sa conduite.

Dans sa fureur de violence, de destruction et de rapine, on ne peut dire qu'il ait été retenu même par le respect religieux ; les sacrilèges violences qu'il exerçait en juin 1916 contre le fameux monastère de Pochajeff en Volhynie en sont une preuve suffisante. Une commission d'enquête nommée par le Tzar devait ensuite constater que l'ennemi s'y était acharné, y accumulant toutes les formes de l'outrage : livres et tableaux volés ; tables de communion et autels enlevés et mis à nu ; l'église de Sainte-Barbe transformée en cinématographe ; un café établi dans la chapelle privée de l'évêque, d'où tous les objets sacrés avaient été volés et dont les parois étaient couvertes de caricatures et dessins obscènes. Tel était son respect de l'article 56 du Règlement de la Haye, qui, voulant sauvegarder les établissements consacrés au culte, à la bienfaisance, à l'instruction, aux arts et aux sciences, stipulait : « Toute appropriation, destruction, ou dommage intentionnel de ces établissements, de monuments historiques, d'œuvres d'art et de science, est interdit et doit être puni ! »

Le Commandement italien s'est au contraire constamment attaché à l'observation de ces règles ; elles inspiraient l'Ordonnance du 21 septembre 1916 qui reconnaît et confirme à nouveau l'inaliénabilité des biens meubles et immeubles des territoires occupés, qui offrent un intérêt artistique, historique ou archéologique. Au contraire, le 15 mars 1916, un fonctionnaire serbe (Note cit., p. 110, n.º 169) rapportait que les Archives serbes avaient été vidées pour fournir de la matière première aux fabriques de papier, et que le monument du prince Milosch, fondateur de la dynastie Obrenovitch, avait été détruit (*ibid.*, p. 110, n.º 168).

Les mêmes règles qui établissent les limites et la nature temporaire de l'occupation doivent s'appliquer au régime religieux et ecclésiastique des pays occupés : Quant au régime religieux, c'est le droit de l'Etat auquel appartient encore le territoire occupé et non celui de l'Etat occupant qui doit régir la confessionalité ou la non-confessionalité de l'Etat, l'égalité ou la tolérance des cultes et la reconnaissance ou non-reconnaissance d'une religion d'Etat. Quant au régime ecclésiastique, les circonscriptions territoriales du clergé, leurs rapports hiérarchiques et disciplinaires, et leurs relations avec les autorités civiles, ne doivent point être soumises au droit ecclésiastique de l'Etat occupant, mais à celui déjà en vigueur dans le territoire occupé, ou bien être soumises, si cela n'est pas possible, à un régime provisoire adopté par l'occupant pour la durée de la guerre. C'est exactement ce qu'a fait notre Gouvernement. Dans la *Rivista Diocesana* d'Udine (n.º d'octobre 1915) on peut lire sur ce sujet une importante communication de Mons. Rossi, archevêque de cette ville : « L'autorité militaire et l'autorité ecclésiastique ne peuvent adopter que des mesures provisoires ». Les paroisses des terres occupées ont été mises sous la juridiction des évêques des régions voisines :

Brescia, Padoue, Udine, Vérone et Vicenza. « L'autorité militaire considérant en vigueur, jusqu'à nouvelles dispositions, la loi autrichienne et s'abstenant d'actes de souveraineté, devait en outre pourvoir à remplacer les *officiers d'état civil* qui, selon la loi autrichienne, sont les prêtres ; et devait assurer à ces populations, surtout là où les prêtres avaient été éloignés, l'assistance spirituelle nécessaire. Alors le Saint-Siège lui-même autorisa, par mesure extraordinaire et provisoire, les évêques les plus proches à exercer, sur le territoire occupé contigu à leurs diocèses respectifs, les mêmes facultés qu'ils exercent habituellement dans leurs propres juridictions ». Ces évêques pouvaient nommer des curés provisoires qui « en suppléance des curés et vicaires absents, dirigeraient les cures ; et les prêtres restés fidèles à la cure d'âme et demeurés à leur poste, sans avoir besoin d'une délégation nouvelle, pouvaient s'adresser à leur supérieur ecclésiastique provisoire ». Le Gouvernement, de son côté, considéra les préposés aux paroisses et cures des ordinaires internés comme de simples suppléants temporaires « sans droit à stabilité ou à la conservation de l'office et du bénéfice, et sans droit aux revenus du bénéfice, mais bénéficiaires d'un traitement sur la caisse militaire ». Et l'on pourvoyait aux disponibilités de cette dernière par une entrée correspondante pour toute la durée de la guerre. D'après le droit autrichien (loi du 7 mai 1874, § 59) les revenus des bénéfices sans titulaires doivent être reversés au fonds de religion ; mais puisque aux territoires occupés, soustraits au régime autrichien, ne saurait s'étendre la compétence de nos économats des bénéfices vacants, le gouvernement versa ces revenus bénéficiaires à la Caisse de l'Etat, respectant pourtant les charges du culte. Les nominations de Régents provisoires, à la suite d'un accord entre les deux autorités, qu'on pourrait définir un *concordat d'occupation*, doivent être faites par décret de l'autorité ecclésiastique, après autorisation du Commandant-en-chef. Et au prêtre investi de la mission canonique, le Commandement délivre les autorisations afférentes pour ce qui concerne les relations civiles. (Voir Ordonnance du Sécrétariat-Général pour les Affaires civiles, 25 juin 1915, et circulaire de S. E. le Général Porro, 10 juillet 1915.)

Les autorités civiles, pour assurer la garde des églises et des bénéfices ainsi que l'assistance spirituelle aux populations, disposèrent ensuite que les Régents seraient faits dépositaires de tous les biens meubles et immeubles, églises, bénéfices, fondations et institutions établies près de l'église, avec inventaire régulier ; que la gestion des biens bénéficiaires et ecclésiastiques serait à la charge de ces mêmes Régents, la nomination de nouveaux administrateurs des Fabriques étant réservée à un accord entre le Secrétaire-Général pour les Affaires civiles et l'autorité ecclésiastique ; que les Régents devraient se limiter à la conservation du patrimoine ; et que pour toute autre mesure ils devraient solliciter le consentement préalable du Secrétariat.

L'archevêque d'Udine, résumant les caractères de ce régime ecclésiastique de l'occupation, le mettait opportunément en parallèle avec le Règlement de la Haye, montrant qu'il en était une fidèle application. « Un article du Règlement de la Haye (art. 46) — écrivait-il — veut que, dans les territoires occupés militairement, le *status quo* soit maintenu, même en ce qui concerne la religion. L'organisation ecclésiastique provisoire des territoires occupés respecte le *status quo* religieux quant aux opinions professées par tous les habitants de ces territoires, et en outre laisse intacte, du point de vue juridique et, pour ainsi dire, hiérarchique, la situation religieuse des fidèles, jusqu'à ce que les événements désirés fournissent le moyen de stabiliser ou de rétablir l'assiette normale et définitive que les événements politiques avaient fait cesser. »

Ce régime ecclésiastique provisoire méritait d'autant plus d'être signalé comme un exemple de fidèle application des Conventions de la Haye, que, dans le cas de l'Italie, il n'eût pas été nécessaire, pour l'établissement d'une assiette normale, d'instituer dans les terres occupées un régime nouveau ; il aurait suffi d'y restaurer celui qui, en des temps non éloignés, y était en vigueur. Les paroisses de la Valsugana avaient déjà été soumises au diocèse de Feltre, et ensuite à celui de Vicence ; celles d'Ampezzo et de Livinallongo au diocèse de Bellune, et celles de la région de Gorizia à l'archidiocèse d' Udine. L'organisation ecclésiastique en vigueur avant la guerre dans les territoires de Trente et de Trieste ne datait que de 1816. Avant cette époque tout le territoire situé entre ces deux villes dépendait depuis plusieurs siècles du Patriarcat d'Aquileja. En 1816 la Valsugana fut rattachée à l'Evêché de Trente, sous lequel passèrent aussi, enlevés au diocèse de Vérone, Avio, Pescante et Brentonico ; et l'Ampezzano passa, peu après, sous l'autorité de l'évêque de Bressanone.

Celui qui cherche à faire coïncider les limites diocésaines avec les frontières politiques, à étendre par exemple la juridiction du Patriarche de Venise aux deux Vénéties et à la Dalmatie, n'invoque donc point l'instauration d'un ordre nouveau, mais plutôt la restauration d'un ordre antique ; restauration qui sera à la fois reconnaissance et affirmation de nos droits nationaux.

Et cependant, malgré tant de raisons historiques et sentimentales, l'application de ces justes aspirations à l'organisation ecclésiastique des territoires occupés fut renvoyée au moment où, la paix stipulée, la souveraineté succèdera à l'occupation.

Notre ennemi au contraire, partout où il a pu affirmer sa puissance militaire, a voulu usurper toutes les prérogatives de la souveraineté, même sans pouvoir invoquer pour se justifier la fascination de ces droits historiques et nationaux auxquels nous savons résister. Et de même que le clergé serbe était remplacé par un clergé autrichien ou bulgare, d'une Eglise différente, ou d'un autre rite, ainsi dans les écoles serbes on cherchait méthodiquement à supprimer l'alphabet serbe, à éliminer les livres qui pouvaient conserver vivant l'esprit national ; et l'on y rendait obligatoire l'étude de l'allemand et du hongrois (Note Serbe cit., pag. 87, 95 et 101).

L'opposition n'était pas moindre entre les deux armées en ce qui regarde le traitement des habitants du territoire occupé. Ceux-ci, excepté les exigences de la protection militaire du territoire et des forces armées qui l'occupent, ont été considérés par nos autorités comme des sujets de l'Etat ennemi qui, empêchés de remplir à son égard les obligations dérivées de cette sujétion, ne peuvent cependant pas être contraints de remplir toutes les obligations correspondantes envers l'Etat occupant. Ils ne peuvent plus combattre ce dernier, de quelque façon que ce soit ; mais en même temps, ils ne peuvent être contraints à combattre pour lui ; et à son égard leur soumission temporaire peut se dire politiquement négative, en ce qu'elle les oblige à s'abstenir de lui nuire, et localement positive dans ce sens que leurs prestations et leurs tributs doivent servir surtout aux besoins du territoire par eux habité. C'est pourquoi les habitants du territoire occupé ne peuvent être obligés à s'enrôler dans les forces militaires de l'occupant ; c'est pourquoi, tandis que sont légitimes les réquisitions constatées par un reçu et les contributions également réparties, les confiscations pratiquées par nos ennemis en Serbie constituent une violation du droit international, et en ce qu'elles ont soustrait à la famille une propriété qui lui appartenait sous la garantie de l'Etat, elles sont une dépravation et une déformation des droits qui appartiennent à l'occupant en territoire occupé. L'occupant doit garantir à la propriété privée le *status quo* en faveur des propriétaires et exclure pour leur garantie toute confiscation, et contre les propriétaires, et en garantie présente et surtout (au cas d'acquisition définitive du territoire) en garantie future de l'occupant, sans reconnaître pendant l'occupation les ventes de ces propriétés ou les constitutions de droit royal sur elles. Même dans les exceptions, admises pour les nécessités militaires, à l'intangibilité de la propriété privée, doit survivre, dans les limites du possible, le respect du droit en vigueur avant l'occupation dans le territoire occupé. Ainsi l'Ordonnance du Commandant-en-chef en date du 15 avril 1916, relative à l'expropriation, dans les territoires occupés, des biens immeubles pour l'exécution d'ouvrages militaires, la construction de voies ferrées et pour tout autre ouvrage d'utilité publique, disposait (art. 3) que, lorsque l'indemnité offerte par l'administration militaire n'était pas acceptée par les propriétaires, on devrait recourir pour sa détermination aux dispositions existantes à cet effet dans les territoires occupés, à la date du 31 mai 1915. Et ce respect n'est en rien contredit par l'autre Ordonnance du Commandant-en-chef du 11 novembre 1916 d'après laquelle (art. 1), dans les territoires occupés par l'armée italienne, peut être déclarée obligatoire la mise en culture des terrains laissés incultes, qui sera confiée (art. 2) au propriétaire ou à celui qui, à un degré quelconque, a la disposition du terrain, ou à l'administration de la Commune, ou encore à des associations agricoles, ou à des entreprises privées, ou à des services de l'administration militaire. En fait, ces dispositions respectent la propriété privée comme le veut l'article 46 du Règlement de la Haye, et lorsque, dans l'exercice de cette propriété, on substitue, pour raison d'intérêt public, l'action de l'Etat occupant à celle du propriétaire, la substitution se produit sans expropriation et selon l'article 55 du même Règlement, conformément aux principes de l'usufruit.

Il est donc juste que le *status quo* de la propriété immobilière et de ses garanties, tout en étant préservé en faveur des propriétaires, soit assuré aussi contre eux, pour empêcher qu'ils ne puissent faire disparaître, avant l'assiette définitive du territoire, les garanties réelles des peines pécuniaires qui pourraient résulter de leurs agissements pendant l'occupation. C'est à quoi pourvoyait l'Ordonnance du Commandant-en-chef du 22 septembre 1915, déclarant privées de toute efficacité les ventes, cessions et passages de propriété des biens, droits et crédits immobiliaires existants dans les territoires occupés par l'armée royale, comme aussi les constitutions de droits d'engagement ou d'hypothèques opérées après le 24 mai 1915 et jusqu'à une date qui sera ultérieurement fixée.

Toujours la conduite de l'Autriche a été en parfait contraste avec notre organisation de l'occupation belliqueuse, distinguée par un tempérament apporté par les lois de l'occupation de celles auparavant en vigueur dans le territoire occupé, et, pourrait-on dire, par une dosimétrie juridique de l'une et de l'autre. La brièveté de son occupation d'une partie de notre territoire n'a point permis à l'autorité austro-hongroise d'illustrer pratiquement et à tous les points de vue, y compris le gouvernement de terres occupées, cette opposition, qui s'est manifestée surtout dans les dévastations et le pillage. Mais en Serbie, où l'occupation n'a point été éphémère et où il a été possible à l'Autriche d'organiser tout un système d'administration, ce dernier s'est montré, à tous égards, à l'opposé même des principes de l'occupation, des clauses du Règlement de la Haye, et de ceux appliqués par l'Italie dans les pays occupés par elle. Non seulement la première violation, mais aussi le premier encouragement de tout un système ultérieur d'arbitraires, fut l'Ordonnance de l'archiduc Frédéric, en date du 25 juin 1916 (Note Serbe cit., p. 12), qui prononce (art. 1) la confiscation des biens possédés par les complices de l'assassinat de Serajevo, par les personnes participant à un titre quelconque à la responsabilité de cet assassinat, et par les Serbes qui, « pour d'autres actes délictueux, pouvaient être inculpés d'une responsabilité quelconque dans cette guerre contre la Monarchie austro-hongroise ». Non seulement cette Ordonnance légiférait contrairement au droit de l'occupant d'un territoire ennemi (voir Règlement de la Haye, art. 43 et 46), mais elle légiférait pénalement pour le passé, rendait des particuliers responsables pour les actes de l'Etat, et renversait ainsi toutes les règles du droit et toutes les notions de la justice. Toutes les personnes appartenant aux catégories mentionnées dans cette Ordonnance, dès l'instant où leur culpabilité avait été établie par les autorités austro-hongroises, devaient déchoir de la propriété de leurs biens et répondre sur eux de la disette causée par la guerre. L'art. 2 établissait que la confiscation s'appliquerait aussi aux fonds aliénés ou hypothéqués après la date de l'Ordonnance, sans que l'ignorance de la culpabilité du propriétaire puisse être invoquée par l'acheteur ou le créancier garanti, sauf le cas où il aurait obtenu, avant le contrat, l'autorisation de l'autorité austro-hongroise pour l'effectuer. Le sequestre des biens appartenant à des personnes suspectes pouvait encore être prononcé à titre conservatif. Le Gouvernement serbe (Note cit., p. 42, n.° 58) a dénoncé aussi de fréquentes spoliations de commerçants par les austro-hongrois, admis en Serbie à l'occupation et à la gérance des restaurants, cafés, magasins et entreprises industrielles dont les gérants et débitants s'étaient enfuis du territoire.

Encore après la première période de l'occupation, les réquisitions (loc. cit., n.° 83, p. 51) n'étaient souvent que des confiscations dissimulées, parce que prélevées sans reçu, ni paiement en argent ; ou bien (n.ᵒˢ 88 et 89, p. 55) elles étaient confiées à de simples soldats qui donnaient des reçus revêtus de fausses signatures, ajoutant parfois la raillerie à la rapine, avec des reçus ainsi conçus : « le roi Pierre paiera à son retour » ; ou encore : « Reçu au débit de M. Pachitch » ; ou même : « à prélever sur le conte courant du Voivode Putnik ».

La violation du droit de propriété se combinait encore avec les violences exercées contre les citoyens, contraints à agir contre leur Patrie, lorsqu'on obligeait (comme il résulte des journaux hongrois et croates eux mêmes : loc. cit., n.ᵒˢ 116 et 117, p. 81) les habitants du territoire occupé à souscrire aux emprunts de guerre austro-hongrois.

La méconnaissance du caractère provisoire de l'occupation belliqueuse et de l'intangibilité de la propriété privée résultait, en outre des dénonciations serbes, des confessions des Austro-hongrois eux-mêmes. Le *Pesti Hirlap* du 9 mai 1916 (voir Note cit., p. 82, n.ᵒˢ 119 et 120) approuvait, en effet, et encourageait comme suit la confiscation : « La Serbie a cessé d'exister ; et nous devons nous assurer le plus possible de sol serbe cultivable. De nombreux biens sans propriétaires (c'est ainsi que le journal hongrois désignait les biens des propriétaires fugitifs) sont tombés en notre pouvoir, et ceux qui appartiennent à des propriétaires demeurés sur le territoire se vendent à bon marché ; .... la terre conquise par le sang magyar doit rester aux magyars ».

Tandis que dans les territoires occupés, l'ennemi exploitait avec méthode son système de confiscation et de spoliation, son dépit dégénérait en fureur de dévastation et de ruine, et il ne cherchait plus qu'à laisser derrière lui un désert, dans le pays qu'il était contraint d'abandonner. Ainsi sur le plateau de Vicence, aux destructions opérées pendant l'offensive, et pour lesquelles on aurait pu tenter quelque justification avec le prétexte de nécessité militaire, s'ajoutèrent avant la retraite, non-seulement sans l'ombre de nécessité militaire, mais aussi sans aucune possibilité de justification d'un autre ordre, le pillage et la destruction. La dévastation commença le 21 mai 1916 par les incendies provoqués par le bombardement à Asiago, où l'ennemi fit grand usage d'obus incendiaires ; il ne respecta pas même les églises et s'acharna particulièrement sur celles d'Asiago et de Gallio. A Gallio, sous l'effet du bombardement, le clocher fut complètement détruit. A Asiago un projectile emportait le faîte du clocher de St.-Matteo, et l'église de St.-Roch était détruite par un incendie. La dévastation s'acheva lorsque l'ennemi voulut se venger de la retraite à laquelle le contraignait notre controffensive. Dans ce bref et triste laps de temps, écoulé entre le 16 mai et le 25 juin, ils détruisirent presque complètement les bibliothèques qui faisaient l'orgueil des Sept Communes et de leur admirable édilité, et qui étaient surtout précieuses pour ces populations parce qu'elles contenaient et conservaient les documents de leur histoire et les fruits de leur intelligence. C'est alors que disparurent en grande partie les livres appartenus à don Giovanni Rigoni, prêtre et professeur, et complètement ceux de don Guido Mazzocco, avec lesquels furent détruits tous les documents de l'église de St.-Roch, conservés avec eux dans la bibliothèque paroissiale. De toute la bibliothèque de l'abbé Giovanni Costa, qui se trouvait près du pont San Giovanni, à peine trente volumes furent sauvés ; tous les autres livres restèrent sous les débris de l'édifice qui les abritait ; les livres du *Touring Club* sur la Place de la Régence subirent le même sort.

La ruine des édifices communaux amena celle des plus précieux trésors historiques et intellectuels du Plateau, insignes témoignages de l'honneur rendu à leur terre natale par tant de ses fils dispersés, et du tribut d'affectueuse mémoire qu'ils n'avaient jamais négligé de lui offrir.

La Maison municipale d'Asiago avait ses murs ornés des portraits des enfants les plus fameux du Plateau, qui avaient illustré par leur vie leur lieu d'origine et ne l'avaient point oublié dans les dispositions de leurs dernières volontés. C'est parmi ces populations profondément religieuses des Sept Communes que s'est recrutée pendant longtemps une notable partie du clergé séculier de la Vénétie. Et ces prêtres, dispersés par les villes et les paroisses rurales de la région, conservaient, avec la ténacité qui est la vertu commune des Hauts Plateaux, avec le patriotisme italien et le dévouement à l'Eglise, le souvenir et l'affection de leur plateau natal. Nombre de ces prêtres, devenus illustres par l'éloquence de la prédication et le magistère de l'enseignement, se rappelaient en mourant la région alpestre où ils étaient nés, où ils avaient passé leur enfance et leur adolescence; et au chef-lieu de leur petite patrie, ils laissaient comme tribut d'affection d'un fils fidèle qui disparaissait, et comme un germe de diffusion d'italianité toujours plus ardente parmi les fils vivants et à venir de ces vallées, les livres qui avaient été les compagnons et les consolateurs de leur existence. C'est ainsi qu'était revenue, et avait trouvé digne asile dans la Maison d'école d'Asiago, la bibliothèque classique et historique de l'abbé Modesto Bonato, ex-professeur de la faculté de théologie de Padoue et savant historien des Sept Communes. Avant elle encore, y avait été accueillie la bibliothèque de l'abbé Giambattista Pertile, né à Gallio, qui avait enseigné le droit canon et le droit international aux Universités de Pavie et de Padoue, avant d'y être Recteur magnifique à la veille de la libération. L'amour du pays natal l'avait fait exprimer la volonté que ses livres revinssent à Asiago et que sa dépouille reposât au cimetière de cette ville.

La rage qui détruisait, avec d'autres, cette bibliothèque, riche en œuvres d'histoire sacrée et de théologie, jointes à celles de droit ecclésiastique et de droit international, représentait en un seul méfait le mépris de l'Autriche pour toute loi divine et humaine. Le vénéré Maître qui avait inauguré à Padoue, après la libération de la Vénétie, l'enseignement du droit international, s'était défini lui-même avec une parfaite vérité lorsqu'il avait dicté l'inscription qu'il voulait faire graver sur sa tombe:

« Il aima tous les hommes, fut utile à beaucoup, ne nuisit à personne ». Il ne prévoyait pas, en affirmant à nouveau sur sa tombe ce respect de la loi d'amour et de charité qui avait été le guide constant de toute sa vie, que ses paroles devaient constituer en un jour peu éloigné, aux pentes de cet alpestre cimetière, la dénonciation et la condamnation de ceux qui, foulant aux pieds à la fois les commandements de Dieu et les lois des hommes, viendraient, avec une telle fureur d'extermination et de rapine, désoler sa terre bien-aimée.

XI.

Notre respect des lois de la guerre et la modération de notre représaille.

L'Italie a donné dès le début de la campagne, dans la discipline de ses actes de guerre, et dans les principes de son gouvernement des territoires ennemis soustraits à l'empire des autorités autrichiennes, un exemple constant de modération né d'un respect médité de justice et d'un élan instinctif de loyauté, au point de ne justifier jamais les représailles de l'ennemi. Notre Gouvernement a montré son respect des traités, tout d'abord par l'hésitation prudente et austère qui l'induisit à retarder sa ratification des Conventions de la Haye, et ensuite par la scrupuleuse observation de ces pactes une fois qu'elle eut, en entrant en guerre, déclaré vouloir les considérer comme obligatoires. La longue période de temps écoulée après la signature des Conventions de 1907, avant que notre Gouvernement se fût décidé à les ratifier ou à déclarer solennellement à la veille de l'actuel conflit qu'il entendait les respecter et les faire respecter comme si elles eussent été ratifiées, a démontré, ainsi que l'expérience ultérieure de leur effective observation, avec quel sérieux et quelle honnêteté nous considérons ces engagements solennels.

Combien cette conduite nous distinguait-elle de notre ennemi, qui, ayant ratifié dès le 27 novembre 1909 la IV° Convention de la Haye de 1907, relative aux lois de la guerre terrestre, en faisait litière dans la présente guerre, chaque fois qu'il croyait pouvoir retirer une utilité matérielle da sa violation !

Au contraire, le Gouvernement italien, qui s'était engagé, par la seconde Convention de la Haye de 1899, relative aux lois de la guerre (correspondant à la IVe de 1907), à formuler pour ses troupes des instructions conformes au type de Règlement annexé à la Convention même, n'en modifia ni n'en altéra de son propre mouvement le contenu, comme d'autres Etats ont fait, mais il publia simplement une traduction italienne de la Convention et du Règlement, ordonnant qu'elle fût ajoutée aux Règlements en usage auprès des Quartiers-Généraux, des Etats-Majors de Division et des Commandants de Brigades, et distribuée aux autorités qui possèdent le « Règlement du Service de guerre ». Ainsi les clauses du Règlement de la Haye devinrent textuellement les instructions données aux troupes italiennes combattantes. Il n'était pas possible d'observer plus fidèlement et d'appliquer avec plus d'exactitude la Convention à laquelle le Règlement servait d'annexe. En le publiant et en le rendant obligatoire, une seule réserve était faite, réserve inévitable : on avertissait (page V) qu'il devait servir de

« guide aux commandants des diverses unités pour se diriger pratiquement dans les contingences de la guerre, *conformément aux exigences que la qualité des belligérants et les devoirs de réciprocité pourront conseiller* ».

Le même principe fut adopté par le Ministère de la Guerre, lorsqu'il fit imprimer le 1ᵉʳ juin 1915 et distribuer aussi aux mêmes autorités militaires qui avaient déjà reçu la traduction de la Convention et du Règlement de 1899, la traduction des Conventions IV et V de 1907 relatives aux lois et usages de guerre, et aux droits et devoirs des neutres dans la guerre terrestre. Dans l'avertissement qui précédait cette dernière publication, on ne reproduisait pas explicitement, mais on ne révoquait pas non plus, la réserve précédemment faite, et du reste nécessairement sous-entendue, concernant les exceptions aux règles adoptées, qui pourraient être éventuellement justifiées par la force majeure ou la réciprocité. Mais si l'on a dû recourir de notre côté à ces exceptions, c'est dans une mesure strictement conforme à une conception objective et non arbitraire de la nécessité des représailles.

En outre, non seulement les règles relatives à l'occupation du territoire ennemi, dont nous avons parlé dans le chapître précédent, mais aussi la plus grande partie des autres obligations assumées par la voie des accords internationaux à l'égard des droits et devoirs des belligérants, était affirmée encore pour notre armée, sous forme d'instructions intérieures, par le chapitre VIII de notre Règlement du service de guerre (Iᵉʳᵉ partie, Service des troupes, pag. 178-187). Les règles codifiées concernant la distinction des belligérants légitimes et des personnes punissables en cas de capture les armes à la main, les moyens hostiles permis ou prohibés comme barbares ou déloyaux, et le traitement des prisonniers de guerre, des malades, des blessés et des parlementaires, formaient donc partie intégrante de notre droit intérieur de guerre, même indépendamment de notre ratification des Conventions de la Haye, aux principes desquelles ce droit s'était déjà, par ces disposition règlementaires, conformé de notre propre initiative sous condition de réciprocité. Cette condition se trouvait d'ailleurs explicitement énoncée dans ce Règlement, lorsqu'il y était affirmé que, « contre l'ennemi qui manque à l'observation des pactes internationaux et des usages de guerre, il est de droit d'user de représailles ».

Notre droit de guerre correspondait donc, de la façon la plus complète, aux exigences fondamentales d'une civilisation avancée et aux décisions spécifiques des pactes internationaux ; et, observant scrupuleusement les préceptes de la première, la conduite de notre armée répondait constamment aux secondes. De cette conduite résultait d'autant plus évidemment pour nous le droit de recourir aux représailles contre un ennemi qui tenait envers nous une conduite différente: certains parmi nous n'ont pas hésité récemment à considérer même en un tel cas la représaille, non seulement comme un droit de l'Etat envers celui qui est responsable de l'offense, mais encore et plutôt comme un devoir de tout Etat en guerre envers son armée et son peuple, en faveur desquels il exerce ainsi la protection juridique qui lui incombe. Il est vrai qu'autant il est facile de justifier clairement ce droit fondamental de représaille, autant il est difficile d'en discipliner l'application aux cas particuliers. La justification en est évidente, comme est évident pour chacun le droit de poursuivre l'obtention d'une réparation pour toute injustice subie, et celui de se faire justice soi-même en l'absence de dispositions conformes aux nécessités sociales de la protection juridique.

Mais la discipline particulière des représailles est des plus difficiles en l'état actuel du droit de guerre : avec une codification internationale incomplète, avec des règles même communément admises comme contraignantes, et avec des divergences fréquentes en ce qui concerne la possibilité d'application des règles déjà codifiées, en face des nouveaux développements de la technique de guerre.

Dans la majeure partie des cas concrets, s'offre donc la possibilité d'un désaccord, d'abord pour décider si les représailles sont justifiées, ensuite pour déterminer en quelle manière et contre qui elles peuvent être exercées. Le désaccord existant aujourd'hui entre les Etats à l'égard de l'existence, du contenu et de la valeur précise d'une règle fait que souvent d'un côté on affirme et l'on croit avoir agi légitimement, alors que l'adversaire affirme et croit l'acte illégitime. Dans cette persuasion, l'adversaire lésé trouve une raison de recourir à des représailles, tandis que l'autre belligérant, ne jugeant pas illicite l'acte qui les a provoquées, considère à son tour l'acte de l'ennemi comme justifiant des représailles nouvelles. Ainsi l'échange de représailles, suscité par la divergence de jugement des belligérants quant à la légitimité d'un acte hostile, s'intensifie progressivement dans le progrès de l'action et de la réaction belliqueuse, et pousse peu à peu un groupe d'Etats, persuadés chacun de combattre pour le progrès de l'humanité et pour la protection et la revendication du droit, aux excès, imprévisibles avant la guerre, de la violence et de la vengeance.

Telles sont les difficultés, connexes à la nature, à l'intensité, et à l'objet des représailles, qui furent résolues, par l'Italie de la manière la plus conforme à l'humanité et au droit; poussant d'un côté jusqu'à l'excès la prudence nécessaire, pour n'offrir point à l'ennemi un prétexte ou une justification à des représailles, elle s'est attachée de l'autre à limiter et à discipliner les siennes conformément aux plus stricts critères juridiques et moraux.

Notre Commandement a donné, dès le début des hostilités, une preuve de la prudente réserve qu'il voulait observer, pour éviter de fournir une justification ou d'offrir un prétexte à la représaille ennemie. Un de nos parlementaires ayant été à ce moment retenu indûment par l'ennemi sous prétexte qu'il s'était présenté aux avant-postes sans une délégation écrite regulière attestant sa mission, le Général-en-chef de notre Armée s'abstint d'ordonner pour ce fait des représailles, qui eussent été d'autant plus justifiées que le paragraphe 375 de notre Règlement du service de guerre (1ère partie) n'exige pas que le parlementaire soit muni d'une délégation écrite, et que, selon l'article 32 du Règlement annexé à la quatrième Convention de la Haye (1907) le parlementaire doit être *autorisé*, sans qu'il soit explicitement requis que son autorisation soit écrite, ni exclus qu'elle puisse être verbale et attestée par la parole d'honneur du parlementaire lui-même. Malgré cela, notre Commandement Suprême, par circulaire du 27 juin 1915, au lieu d'ordonner des représailles, se borna à exhorter les autorités sous ses ordres à faire tout le possible pour ne pas fournir même un prétexte à celles de l'ennemi, et acceptant l'interprétation donnée par ce dernier de l'article 32 du Règlement de la Haye, ordonna que si l'envoi de parlementaires était nécessaire, on n'oubliât point de les munir d'autorisations spéciales. Et c'est précisément à ce scrupule de notre Commandement que nous devons, parlant ici de nos représailles et de leur exécution conforme à la quatrième Convention de la Haye, d'avoir très peu à dire sur celles de l'ennemi. Celles en effet qu'il essaya, en s'aidant de calomnies, de faire passer pour des représailles, appartenaient au contraire presque toujours à la catégorie des violations initiales qui pouvaient justifier nos représailles à nous.

En ce qui regarde l'application des représailles de notre part, tout en ne pouvant toujours les maintenir dans une identité spécifique absolue avec les violences ennemies subies par nous, on s'est efforcé d'éviter toute disproportion de notre acte avec le sien qui aurait pu faire considérer notre réaction comme une lésion excessive du droit d'autrui.

Et quant à l'objet de la représaille, nos autorités ont pris soin d'effectuer une distinction entre l'Etat et l'armée ennemis d'une part, et les populations non combattantes d'autre part. Dans les rapports avec les premiers, on a eu recours, sans autre forme, quand il a été nécessaire, à l'acte proprement dit de représaille ; dans les rapports avec les populations paisibles de l'Etat ennemi, notre réaction a été limitée au contraire, conformément aux notions fondamentales du droit moderne de guerre, à des mesures préservatrices, destinées à nous assurer les moyens d'une réparation future par voie de confiscation de propriétés privées appartenant à l'ennemi, quand il était impossible de l'obtenir de l'Etat ennemi sous forme d'indemnité.

C'est comme acte de représaille dans les rapports entre Etat et Etat, qu'a été justement qualifiée par le décret du Lieutenant du Roi du 25 août 1916 qui l'ordonnait, la prise de possession du Palais de Venise, entré à la date de publication de ce décret, dans le patrimoine de l'Etat. Le décret relevait en effet « le caractère italien du Palais de Venise qui, historiquement, semble une annexe inséparable de Venise » ; mais ce n'était là qu'une raison historique expliquant que le Gouvernement italien préférât, comme objet de représaille, ce Palais à toute autre propriété de l'Etat ennemi. La raison juridique invoquée justement pour cette confiscation, et que l'on eût pu justement invoquer pour toute autre propriété de l'Autriche, était au contraire la représaille qui pouvait et devait s'exercer aux dépens de l'ennemi, pour répondre à des actes illicites consommés, et à des dommages injustement infligés à des citoyens italiens, dont la responsabilité incombait à l'Etat autrichien. Le décret du 25 août définissait ouvertement cette confiscation comme une représaille dans les termes suivant : « Devant les innombrables et atroces violations du droit des gens, accomplies par l'Empire austro-hongrois dans la présente guerre, et les dévastations perpétrées, en dehors de toute raison militaire, sur les monuments et édifices de Venise, à titre de revendication italienne *et à titre de juste représaille*, le Palais de Venise situé à Rome devient partie du patrimoine de l'Etat ».

De même, dans les rapports entre combattants et combattants, notre menace de représaille était justifiée non-seulement contre l'Etat médiatement responsable, mais aussi contre les troupes immédiatement responsables des violations du droit de guerre accomplies à notre dommage. L'ennemi, pour donner une apparence de justification à ses actes contraires au droit et aux lois éternelles de l'humanité, n'hésita pas à recourir à la calomnie, et inventa de prétendues violations de notre part, pour pouvoir faire qualifier de représailles ceux de ses actes qui, au contraire, justifiaient nos représailles à nous. Mais, en réponse à une de ces impudentes communications du Commandement-en-chef de l'Armée austro-hongroise, menaçant de fusiller nos soldats trouvés en possession de cartouches explosives, ou revêtus d'uniformes autrichiens, le Généralissime italien stipulait, en août 1916, que seraient passés par les armes tous les militaires ennemis, à quelques grades qu'ils appartinssent, que l'on trouverait porteurs de projectiles à balle explosive ou déformée, ou susceptible de déformation, ou revêtus de notre uniforme, ou qui seraient surpris sur le fait d'accomplissement de l'une quelconque des nombreuses et graves violations des lois et usages de la guerre dont ils se rendaient communément coupables.

Mais la représaille, en tant de cas inévitable, tout en étant juste dans sa manifestation et pratique dans son efficacité, lorsqu'elle a pour objet l'Etat ennemi ou ses forces combattantes, dégénère facilement en excès périlleux si elle a au contraire pour objet les populations ennemies et leur propriété privée. C'est pour éviter de telles conséquences, contraires aux fins même de la représaille, qui devraient être le rétablissement de l'équilibre juridique et non l'aggravation de sa destruction, que les Puissances représentées à la Conférence de la Haye en 1907, d'une part avaient écarté nombre d'incertitudes quant à la justification de la représaille, par le Règlement concernant les lois et usages de la guerre terrestre annexé à la quatrième Convention, et d'autre part avaient adopté, dans l'article 3 de la même Convention, une disposition qui n'existait point dans la Convention correspondante de 1899, et qui tendait à obtenir réparation des actes injustes, tout en préservant le plus possible des conséquences de la représaille, les sujets paisibles de l'Etat ennemi et leur propriété. Selon l'article 3 de cette Convention, « la partie belligérante qui violera les dispositions du dit Règlement sera tenue à une indemnité si le cas s'y prête ; elle sera responsable de tout acte commis par les personnes faisant partie de sa force armée ». Par l'effet de cette règle, chaque fois que l'Etat responsable ne se prête pas à cette indemnité, ou que l'exercice de la représaille ne serait pas possible contre l'Etat ou ses forces combattantes, on limitait l'obligation des sujets non militaires de l'ennemi à fournir les garanties d'une indemnité à obtenir plus tard de l'Etat récalcitrant. Et ainsi, après vingt-cinq ans, on reconnaissait le principe proclamé dès 1882 par l'Institut de Droit international dans le *Manuel des lois de la guerre terrestre* adopté dans la session d'Oxford : « Les représailles sont une exception douloureuse au principe général d'équité, d'après lequel un innocent ne doit pas souffrir pour un coupable ».

Si le principe nouveau de l'indemnité, règlable selon justice, soit pendant, soit après la guerre, par les belligérants ou une autorité choisie par les belligérants, principe accueilli en 1907 sur la proposition de la délégation germanique, avait été observé par tous les belligérants, à commencer par ceux qui, en ayant recommandé l'adoption, auraient dû se sentir plus obligés à le respecter, il en serait résulté un notable progrès dans l'humanité de la guerre, et une heureuse modification du principe même de la représaille.

Puisque l'on aurait réduit à des limites toujours plus restreintes le champ laissé à l'initiative individuelle du belligérant qui, répondant par une injustice à une autre injustice, et restant sans frein abandonné à son seul jugement dans le choix de l'objet, de l'étendue et des conséquences définitives de sa vengeance, on voit par contraste se préciser le recul qui caractérise nombre d'épisodes de l'actuelle conflagration mondiale.

L'Italie, en se préparant à cette nouvelle nécessité, comme elle n'a jamais négligé d'inspirer sa conduite des lois et usages de guerre qu'elle avait promis d'observer, n'a jamais oublié, en présence des violations de l'ennemi, d'obéir à l'article 3 de la quatrième Convention de la Haye. Ainsi, tandis qu'on évitait de provoquer et de justifier dans les actes hostiles de nos troupes les représailles de l'ennemi, on a réussi à modérer et à modifier, selon la disposition de cet article, l'exercice de notre droit de représaille. Notre pays, par toute la conduite de ses forces armées, a mérité le premier titre de louange. Le second lui est dû pour la constitution de sa législation de guerre.

En fait, envers les sujets des Etats ennemis, on n'a recouru qu'à des mesures conservatives, pour s'assurer la possibilité d'obtenir, par voie de confiscation, la compensation due à nos citoyens lésés, lorsqu'a été reconnue vaine la tentative de l'obtenir sous forme d'indemnité de l'Etat ennemi lui-même. Tel était l'objet du décret du Lieutenant du Roi en date du 24 juin 1915 (n.º 1014) où l'on pouvait lire que : « lorsqu'il appert que l'ennemi, frappant des localités sans défense, ou détruisant des navires marchands non armés, ou accomplissant d'autres actes d'hostilité contraires aux principes du droit de guerre généralement admis et reconnus, aura causé des dommages aux biens ou à la vie de citoyens ou sujets italiens, il appartient au Lieutenant du Roi d'ordonner que, sur le fonds constitué près la Caisse des dépôts des gens de mer de la Province Maritime de Gênes, soit prélevée la somme nécessaire pour indemniser les victimes, ou leur famille ; et l'on pourra compléter la garantie, lorsque ce fonds sera insuffisant, par la confiscation des navires marchands ennemis, séquestrés au début de la guerre dans les ports du Royaume, et des marchandises ennemies trouvées à leur bord ». Et l'on pourvoyait à la garantie du recouvrement et de l'équilibre de la réparation avec les dommages, par le décret du Lieutenant du Roi du 24 juin 1915 (n.º 902) qui déclarait dénués de toute efficacité dans le Royaume et ses Colonies, les transferts de propriété de biens et de droits immobiliaires appartenant à des sujets austro-hongrois, accomplis entre le 24 mai 1915 et la fin des hostilités. Les termes pour la demande d'indemnité étaient fixés par le décret lieutenanciel du 14 novembre 1915 (n.º 1642) à soixante jours, et par le décret lieutenanciel du 3 septembre 1916 (n.º 1276) à quatre-vingt-dix jours de la date de l'acte hostile qui aurait occasionné l'injuste dommage.

En attendant, on pourvoyait, indépendamment de la poursuite et de la liquidation de la compensation, à atténuer par des mesures d'ordre interne, la situation économique des familles de toutes les victimes des vengeances autrichiennes, et des sociétaires lésés par les hostilités illicites de l'ennemi. Le décret du Lieutenant du Roi du 9 juillet 1916 (n.º 892) admettait une réduction de l'annuité inscrite et un dégrèvement d'impôts en faveur des propriétaires d'entreprises agricoles lésés par l'effet du bombardement ou d'autres faits de guerre. Un autre décret du 7 septembre 1916 (n.º 1185) conférait une pension à la veuve et aux enfants mineurs de tout italien passé par les armes en Autriche pour motif politique, et ceux des 6 avril 1916, 20 août 1916 et 25 novembre 1916, édictaient des dispositions en faveur des italiens victimes d'accidents du travail en pays ennemis ou alliés des ennemis qui, en raison de la guerre, ne perçoivent plus les rentes et pensions qui leur sont dues par les institutions d'assurance, et en faveur des nationaux dont a été suspendu le paiement des revenus ou pensions dues par les institutions d'assurances sociales appartenant aux pays ennemis ou à leurs alliés. A ces dernières victimes de la guerre, les allocations devront être attribuées et determinées dans chaque cas par une Commission spéciale instituée près le Commissariat de l'Emigration et garanties par la Caisse Nationale de Prévoyance. Ces allocations sont concédées aux victimes de la guerre *sous réserve de récupération* ; et néanmoins l'achèvement de ces mesures dépendait de celles qui assuraient une garantie de pouvoir obtenir, sinon à charge de l'Etat ennemi, du moins à charge de ses sujets, le recouvrement de l'allocation et le règlement définitif des dommages subis par le bénéficiaire. En versant cette allocation, l'Etat se substituait aux victimes isolées dans leurs rapports avec l'ennemi ; et en effet le décret ministériel du 25 novembre 1916, disposait (art. 9) que le paiement de l'allocation doit être effectué contre quittance régulière délivrée par le titulaire de l'annuité ou par une personne dûment autorisée par lui. Cette quittance doit contenir la déclaration explicite que le titulaire de l'annuité concède à la Caisse Nationale de Prévoyance et, par elle, à l'Etat italien, le droit de se pourvoir pour le recouvrement de la somme reçue, contre l'Institution d'assurance, ou la Société débitrice de l'annuité.

C'est le même but encore que poursuivaient les décrets lieutenanciels des 13 avril 1916 (n.° 451) et 18 juillet 1916 (n.° 864, art. 3), qui, à titre de riposte ou de représaille, autorisaient le gouvernement à ordonner, aux dépens des sujets des Etats ennemis ou alliés des ennemis, le séquestre des bien meubles et immeubles, l'interdiction des paiements et de l'exécution directe ou indirecte des obligations, et la surveillance des administrations et entreprises industrielles ou commerciales de tous genres, et pourvoyait dans ces cas à la nomination d'administrateurs des biens, au dépôt ou à la saisie-arrêt des sommes séquestrées et des revenus et profits des bien séquestrés ou administrations surveillées. L'ordonnance du Commandement Suprême du 29 août 1916 étendait la possibilité de ces mesures aux territoires occupés ; et le décret lieutenanciel du 8 août 1916 (n.º 961) stipulait dans le même but que seraient soumises au syndicat du Gouvernement et éventuellement séquestrées ou liquidées, toutes les administrations commerciales existant dans le Royaume, qui seraient dirigées par des sujets des Etats ennemis ou alliés des ennemis, ou dans lesquelles ils auraient des intérêts prédominants.

La règle de conduite adoptée par l'Italie pour toute représaille qui ne pourrait s'exercer immédiatement et directement sur l'Etat ennemi ou ses forces armées, mais seulement sur des citoyens privés de cet Etat, n'était donc pas une vengeance irréparablement exercée sur les sujets de l'ennemi, mais au contraire, l'assurance, à charge temporaire de ces derniers, des moyens nécessaires à l'obtention d'une indemnisation des dommages, et en vue de l'obtenir plus aisément de l'Etat ennemi, mais cette indemnisation ne devait être recherchée aux dépens de ses sujets par voie de confiscation définitive que dans le cas où cet Etat opposerait à notre réclamation un refus définitif. C'est en conformité avec ces vues que le Comité promoteur d'une assemblée des représentants des villes lésées par la guerre proposait à la séance tenue à Rome le 21 janvier 1917, l'ordre du jour suivant, qui y était approuvé à l'unanimité: « Les représentants administratifs et politiques des terres italiennes les plus exposées aux risques de guerre affirment l'urgente nécessité d'une loi qui répartisse entre tous les citoyens d'Italie les dommages aux personnes et aux choses, qui sont la conséquence immédiate de la guerre elle-même, et décident la constitution d'un Comité national pour la compensation des dommages de guerre, ayant mandat d'entreprendre toute étude et toute action susceptible de réaliser leur profonde aspiration ». Ainsi l'Etat, responsable d'un côté des hostilités illicites éventuelles de ses troupes et des pertes infligées aux populations paisibles de l'Etat ennemi, se considérait et était considéré d'ailleurs plutôt comme le protecteur que comme le vengeur de ses propres populations, dans tous les cas d'hostilités illicites de l'ennemi et de dommages consécutifs commis contre elles, en consentant à la répartition entre tous les citoyens de tout dommage injuste supporté par eux pour le bien commun. Il réservait le dédommagement définitif des dommages pour des accords ultérieurs entre les deux Etats belligérants, et limitait la charge des personnes privées à la garantie des moyens nécessaires à l'obtention de l'indemnité, au cas où l'Etat responsable ne s'y prêterait pas. Il maintenait intacte la protection des citoyens par l'Etat dans les relations intérieures, mais transformait, sans dommage pour elle, en la faisant plus douce et plus égale, sa faculté de représaille dans les relations internationales.

XII.

Les excès de la représaille ennemie
et l'humanité de l'Italie en guerre.

Tandis que notre conduite s'inspirait d'un tel respect du droit, d'une telle modération et d'une telle volonté d'équité, l'Autriche s'efforçait d'excuser les violations des règles les plus certaines de la guerre, en prétendant qu'elles n'étaient que des représailles contre des violations de notre part, qui n'existaient que dans son imagination calomniatrice. Elle ne s'arrêta pas là ; mais, dénaturant le concept même de représaille, elle recourut aux mesures les plus cruelles, et, par des séquestrations, des confiscations, et même des vexations personnelles et des sévices contre des citoyens italiens, ou des sujets de l'Empire de nationalité italienne, enrôlés dans notre armée et notre marine, s'acharna ainsi, non-seulement sur les victimes et leurs familles, mais encore sur la Nation pour l'amour de laquelle ces réfugiés, combattant avec nous, avaient exposé leur vie à un double péril.

Nous touchons là à un sujet extrêmement délicat, que l'on ne doit point écarter, mais qui doit être examiné dans tous ses détails, pour que soit démasquée la basse cruauté d'une vengeance revêtue d'apparences juridiques.

La série de ces plus récents martyrs de l'unité italienne n'est pas encore parvenue complètement à notre connaissance. Les journaux, pendant quelque temps, indiquèrent au début les noms des victimes et la nature des tourments par eux subis ; mais la lettre d'un réfugié triestin les induisit à cesser de désigner par leurs noms nos militaires, d'origine irrédente, qui, faits prisonniers par les austro-hongrois, avaient été pendus par eux. En sorte que, en dehors des noms déjà connus, le martyrologe contient une série de victimes encore inconnues qui ne pourront qu'après la paix recevoir nominalement de nous le tribut d'honneur et de douleur qui leur est dû.

Le premier en date fut le martyre de Francesco Rismondo, né à Spalato le 25 avril 1885 d'une famille qui avait toujours énergiquement défendu l'italianité de sa Dalmatie natale. Il s'était enfui à Venise avec sa femme le 9 mai 1915. Après un court séjour dans cette ville, il s'enrôlait le 16 juin 1915 à Vérone dans le peloton des cyclistes du 8e régiment de Bersagliers ; le 25 juin il partait pour le front, et le 21 juillet, prenant part à l'assaut du San Michele, méritait la médaille militaire qui devait être remise à sa veuve, par le Général Commandant la division de Milan, le 4 juin 1916. En octobre 1915 il était blessé sur le Carso et, fait prisonnier, passait en jugement à peine guéri, et, selon une version, pendu en novembre dans le château de Gorizia, selon une autre, brûlé vif par une police ivre de bestialité.

Dans le même château de Gorizia, le professeur Dino Fonda de Trieste subit aussi le dernier supplice, lui aussi combattant volontaire dans notre armée, et lui aussi blessé et fait prisonnier au cours d'un combat sur l'Isonzo.

Une autre victime fut le trentin Damiano Chiesa, né à Rovereto, en 1893 ; ingénieur diplomé de l'école d'application de Turin, il s'enrôla dans l'armée italienne au début de la guerre et y obtint le grade de sous-lieutenant d'artillerie. Fait prisonnier par les Autrichiens pendant un combat dans la région de Rovereto, le 18 mai 1916, il fut condamné le lendemain par le tribunal de guerre à la peine de mort par pendaison, commuée comme par grâce en exécution militaire : il fut fusillé dans le château de Trente.

Vint ensuite le supplice de Cesare Battisti de Trente et de l'avocat Fabio Filzi de Rovereto. Le premier, né le 4 février 1875, avait été étudiant en lettres à l'Université de Turin, de 1893 à 1895, et avait ensuite complété ses études universitaires à l'Institut de Florence, en 1897. Aux Universités de Gratz et de Vienne, il avait étudié le droit ; et, de retour à Trente s'était voué, en dehors de sa charge d'avocat, aux études géographiques et anthropogéographiques, et avait consacré beaucoup de travaux estimés à l'étude de sa province natale. En 1911, s'étant présenté aux élections législatives comme candidat socialiste, il fut élu député de Trente au Parlement de Vienne, et trois années plus tard à la Diète d'Innsbruck. La même année, quand éclata la guerre européenne, il se rendit en Italie, et s'y enrôla dans un régiment d'Alpins, où il fut promu, au cours de la campagne, au grade de lieutenant. A l'aube du 10 juillet 1916, tandis qu'il conduisait au Vallarsa une compagnie du bataillon de Vicence, il tomba blessé et, fait prisonnier, fut conduit à Trente où on le jugea ; il fut condamné à la pendaison. Deux jours plus tard, la sentence était exécutée dans les fossés du château de Trente, et la nouvelle de son supplice parvenait en Italie le 18 du même mois.

L'avocat Filzi, qui combattait avec le grade de sous-lieutenant d'Alpins, avait été fait prisonnier en même temps que lui, fut jugé avec lui et avec lui subit le même supplice.

Après ces martyres dalmate et triestin, après ce triple martyre trentin, un autre patriote istrian sacrifia sa vie pour l'unité italienne : Nazario Sauro qui, né à Capodistria le 20 septembre 1880, d'une famille de marins, appartenait, comme capitaine à la marine marchande, au service de la société de navigation Istria-Trieste. Le 2 septembre 1914, il était venu à Venise, et là, s'était offert comme pilote pour l'expédition d'initiative privée, qui, partant de Marseille et s'inspirant de l'épique exemple garibaldien, devait effectuer, le 20 septembre 1914, un débarquement sur les côtes de l'Istrie. Lorsque furent imminentes les hostilités italo-autrichiennes, il entra dans notre marine de guerre, y prit service comme pilote à dater du 21 mai 1915 et y fut rapidement promu au grade d'enseigne de vaisseau. En cette qualité, Sauro prit part à soixante-et-une actions de guerre de nos torpilleurs contre les divers ports de l'Istrie, de la Dalmatie et de l'Albanie. Dans la nuit du 26 mai 1916, il réussit à couler un vapeur dans le port de Trieste ; débarquant peu après à Parenzo, il y répandait la nouvelle de la défaite autrichienne et parvenait à ramener prisonnier à bord un soldat ennemi. En récompense d'une telle valeur, il reçut alors la médaille militaire d'argent, la croix de chevalier de la Couronne d'Italie, et la promotion au grade de lieutenant de vaisseau.

Il avait toujours conservé soigneusement sur lui un poison, pour se sauver, au cas où il serait fait prisonnier, de la honte de la potence. Mais après le supplice de Battisti il ne voulut plus le conserver. L'horreur soulevée et la résolution de vaincre excitée en Italie par ce martyre, le persuadèrent que, affrontant le péril d'une fin identique, il pouvait continuer même dans la mort et après la mort, à combattre pour la patrie. L'héroïsme médité de ce renoncement au poison sauveur surpassait encore l'héroïsme actif et tumultueux de la bataille. À neuf heures du matin, le 30 juillet 1916, il levait l'ancre à Venise pour piloter nos submersibles dans une entreprise plus hardie que toutes ; mais en la tentant, il tombait aux mains de l'ennemi et le 18 août, à la suite d'un jugement sommaire, il était pendu. Le commandant du *Giacinto Pullino*, sur lequel Sauro s'était embarqué, et qu'il avait quitté pour tomber prisonnier de l'Autriche, rapporta que « sa conduite au cours de cette mission, comme dans les précédentes, avait toujours porté l'empreinte de cette tranquillité, de cette audace souriante, qu'inspiraient en lui l'enthousiasme patriotique et l'entier sacrifice de soi-même pour le bien de l'Italie ». L'adieu et l'exhortation qu'il adressait à ses fils Nino, Libero, Anita, Italo et Albania, dans le testament qu'il écrivit le 23 mai 1915 sont, encore après sa mort, une preuve de la noblesse de son cœur: « Les noms de liberté que je vous ai donnés avaient besoin d'un sceau ; et j'ai tenu mon serment. La Patrie vous reste ; pour cette Patrie, jurez que vous serez toujours, partout et avant tout, italiens ». Le patriote, conscient du martyre qui l'attendait s'il était fait prisonnier, et qui se privait, en affrontant le péril, du moyen d'éviter le supplice par le suicide, parce qu'il voulait servir, par l'horreur même que ce supplice soulèverait, la sainte cause à laquelle il avait voué son existence, est un exemple sublime de cette vertu, que nous disions antique, lorsque, dans la parenthèse grise d'une période de dépression morale, nous désespérions de la voir fleurir encore parmi nos contemporains.

Et maintenant, envisageons, non plus du point de vue moral et politique, mais du point de vue du droit, le jugement qui a prononcé ces condamnations, et fait frémir toute âme honnête dans tant de parties du monde, mais que l'Autriche a tenté et tente de justifier par des sophismes spécieux. Voici le sophisme dont elle tire argument : « La patrie de ces condamnés était l'Autriche-

Hongrie ; ils ont fait cause commune avec l'ennemi de leur pays, et avec lui ont porté les armes contre leur patrie ; donc, selon le droit commun à tous les Etats, ils étaient coupables de haute trahison et justiciables de la peine de mort ».

Dans le cas de ces martyrs, qui n'étaient point coupables de désertion devant l'ennemi, mais étaient sortis du territoire de l'Empire en qualité de sujets, et pour la majeure partie, de sujets non astreints au service militaire, alors que l'Italie et l'Autriche n'étaient pas encore en guerre, on peut démontrer que, tout en leur refusant les droits des prisonniers de guerre, le gouvernement autrichien ne devait pas les traiter comme des malfaiteurs justiciables de la peine capitale.

La première codification moderne des règles du droit de guerre fut celle que Francis Lieber, allemand de naissance et américain d'élection, dicta en 1863 au nom du gouvernement des Etats-Unis, pour la discipline des troupes fédérales en guerre contre les Confédérés, rebelles à la constitution fédérale, et résolus à former un Etat séparé indépendant. Ces combattants, selon la conception appliquée aujourd'hui par l'Autriche, dans l'exercice de ses vengeances, n'auraient pas dû recevoir le traitement des belligérants légitimes, mais être exécutés en application de la loi martiale. Au contraire, le gouvernement fédéral légitime, après avoir constaté qu'ils avaient constitué une organisation militaire régulière, et donnaient des garanties suffisantes de vouloir et de pouvoir observer les usages de guerre admis entre peuples civilisés, décida de les admettre au bénéfice des mêmes lois. A cette conduite, fondée sur l'exemple d'autres révolutions et guerres civiles antérieures, s'était conformée la pratique des Etats, même dans les révolutions et les guerres civiles ultérieures ; et le principe, ainsi pratiqué, a été reconnu également au cours de la première Conférence de la Haye. Cette dernière ne pouvait pas le codifier explicitement, parce que les plénipotentiaires des Etats réunis en temps de paix pour discuter et formuler les termes d'une série de Conventions internationales et les règles à observer dans leurs possibles guerres futures, ne pouvaient formuler pour l'avenir l'hypothèse (qui ne sera jamais concédée), d'insurrections au sein des Etats représentés. Mais dans le protocole des séances, il est demeuré une trace de l'admission implicite de ce principe : à savoir que les rebelles organisés sur un territoire distinct, dont ils ont militairement la possession, s'ils observent les lois et usages de la guerre, doivent tant que dure la lutte des armes, être traités selon les mêmes lois, par le gouvernement légitime de l'Etat contre lequel ils se sont insurgés.

Je sais bien que le cas de ces fugitifs, exécutés par l'Autriche après qu'ils eurent été capturés en qualité de combattants dans notre armée, n'est pas formellement identique à celui que nous venons de citer. Mais nul ne pourrait nier qu'il soit en substance analogue à l'autre, le cas de ces italiens rebelles à l'Empire dont ils étaient les sujets qui, au lieu d'organiser, indépendamment et exclusivement entre eux une force armée obéissant aux lois de la guerre, s'enrôlent dans les rangs d'une armée qui offre les plus hautes garanties de cette observance même. Ces fugitifs n'étaient pas des militaires autrichiens ayant déserté devant l'ennemi ; ils étaient des sujets autrichiens de nationalité italienne qui trouvaient dans cette origine un motif de rébellion contre l'Etat dont ils étaient les sujets, raison beaucoup plus naturelle et plus haute que celle à laquelle avaient obéi les Confédérés du Sud dans leur révolte contre les Etats-Unis d'Amérique. Sortis du territoire autrichien alors que les deux Etats n'étaient point encore en guerre, avant que la guerre commençât ils s'étaient enrôlés dans l'armée et la marine italiennes. Et il semble absurde de penser que, combattant dans nos forces armées selon les lois et les usages de la guerre, il ne leur devait point être permis d'invoquer en leur faveur ce privilège de légitimes belligérants qui, dans des circonstances antérieures identiques, ne leur aurait pas été refusé, si, avec quelques milliers de partisans, ils avaient pu former, dans le territoire, ou à la frontière de l'Empire, une troupe composée exclusivement d'insurgés.

L'Autriche elle-même n'avait pas méconnu ce principe durant notre guerre de l'Indépendance. En 1859 et en 1866, les déserteurs furent fusillés par les Autrichiens; mais ne furent pas soumis au même traitement tous les fugitifs de la Lombardie et de la Vénétie, combattant dans l'armée garibaldienne ou dans l'armée piémontaise, et plus tard dans l'armée italienne.

A plus forte raison, le Gouvernement austro-hongrois aurait-il dû tenir la même conduite dans la guerre présente ; car elle lui offrait, pour l'y obliger, d'autres raisons qui ne pouvaient être invoquées dans les guerres précédentes.

Au cours des négociations italo-autrichiennes qui précédèrent la dénonciation du traité d'alliance et la déclaration de guerre, l'Autriche s'était montrée disposée à la cession du Trentin et à une rectification en notre faveur de notre frontière orientale. On reconnaissait donc, en admettant la possibilité de ces cessions de territoire et d'un régime d'autonomie pour la ville de Trieste, l'italianité des pays d'origine de ces réfugiés. Et par conséquent, les négociations ayant échoué et les deux pays étant entrés en guerre, on ne pouvait après ce précédent, sans violer une obligation morale, traiter ces fugitifs comme déserteurs ou traîtres.

L'obligation apparaissait au contraire plus évidente de les traiter comme prisonniers de guerre, ou, tout au moins, de les tenir incarcérés jusqu'à ce que la paix fût signée et que fût décidé par elle le sort des territoires contestés.

Mais même si ces raisons, décisives du point de vue moral, présentaient quelque faiblesse au point de vue strictement juridique, il s'en ajoutait d'autres, juridiquement décisives aussi, au cours de la guerre.

Le même Empire austro-hongrois a largement pratiqué, depuis le début des hostilités, cette reconnaissance des affinités réelles, distinctes et diverses des affinités politiques, qui a inspiré en diverses manières, la conduite de tous les belligérants. Tandis que la Russie a considéré comme italiens les prisonniers autrichiens de nationalité italienne et, avant même que nous ne fussions entrés en guerre, a offert à notre Gouvernement de lui en effectuer la remise, et que la Grande-Bretagne imitait ensuite son exemple, l'Autriche-Hongrie et l'Allemagne ont considéré comme ottomans de nombreux prisonniers musulmans appartenant aux forces militaires britanniques, françaises et russes, et les ont offerts et remis à la Turquie. De ces précédents, qui équivalaient à l'admission de la prévalence des affinités ethniques sur les liens politiques, aurait dû dériver comme autre conséquence également naturelle, le traitement, non comme traître ou malfaiteur, mais comme belligérant légitime ou prisonnier de guerre, de tout sujet autrichien de nationalité italienne, émigré de l'Empire avant la guerre, incorporé dans notre armée ou dans notre marine militaire, et observant scrupuleusement dans le combat, les lois de la guerre.

Mais un acte plus récent du Gouvernement austro-hongrois et de ses alliés a été l'application plus ample et plus absolue, faite à leur profit, de ce même principe qu'ils avaient si durement méconnu, alors qu'il s'agissait de l'appliquer en faveur de nos martyrs.

Les Puissances centrales, après avoir occupé les provinces polonaises de l'Empire russe, y ont abusé des pouvoirs dérivés de l'occupation belliqueuse et, prétendant pouvoir transformer une situation de fait transitoire, en une situation définitive de droit, y ont proclamé un Royaume de Pologne. Mais Pologne mutilée, cette création tant vantée de nos ennemis! car elle restait privée de la Galicie qui continuait à faire partie, avec une autonomie spéciale, de la Monarchie autrichienne, privée aussi de la Posnanie qui, sans concession d'autonomie, au contraire sous la menace d'une plus vigoureuse action assimilatrice de la part de l'Allemagne, devait rester à la Monarchie prussienne et, avec elle, à l'Empire allemand.

Si l'Autriche et la Prusse avaient renoncé l'une et l'autre aux provinces polonaises et, dans ces territoires comme dans ceux enlevés à la Russie, avaient laissé renaître et se reconstituer spontanément, en même temps que la nation désormais unie, l'État polonais dans ses limites naturelles, on aurait pu admettre non pas que les Puissances centrales créassent, dans leur propre intérêt, un nouvel Etat, mais que la nation polonaise, renaissant, se choisît librement une constitution politique. Si le Royaume de Pologne s'était constitué ainsi, les Puissances centrales se seraient limitées à reconnaître un Etat spontanément reformé ; et avec elles, qui auraient pu le reconnaître sans violer les principes régulateurs de l'occupation belliqueuse, les autres Etats non belligérants auraient pu le reconnaître également sans violer les devoirs de la neutralité. Mais la formation d'un Royaume de Pologne avec les seules provinces polonaises appartenant à la Russie ne pourrait être considérée comme une *renaissance* spontanée de la nation polonaise, indépendamment du fait, de la volonté et de l'intérêt de guerre des deux Etats alliés et ennemis de la Russie, mais plutôt comme la *création* dans des limites territoriales nouvelles, d'un nouvel Etat polonais, aussi différent de celui que fut historiquement la Pologne que de celui qu'il devrait être selon la volonté immuable de son peuple. Un tel Etat, constitué par les deux Puissances en guerre contre la Russie, sans les territoires polonais leur appartenant dont elles auraient pu légitimement disposer, mais formé des seules provinces polonaises de Russie dont les Puissances centrales ne pouvaient disposer sans excéder les pouvoirs transitoires de l'occupation belliqueuse, qui est, et ne peut pas ne pas être, possession, mais non empire, administration temporaire et non disposition définitive d'un territoire, ne pourrait être reconnu ni des alliés, parce que créé en violation des droits souverains de l'un d'entre eux ; ni des neutres, parce que ceux-ci, en le reconnaissant, violeraient les obligations de leur neutralité. Et pourtant c'est de cet Etat qu'on a voulu faire un allié naturel des Puissances qui l'ont constitué ; et c'est dans cet Etat qu'on a voulu constituer une armée ; et tandis qu'on impose à cette armée de combattre aux côtés des armées des Empires centraux, et à leur profit, on exige pour celle de l'ennemi la reconnaissance de sa qualité de légitime belligérant et le respect en sa faveur des lois et usages de la guerre.

Or, la Pologne, reconstituée spontanément avec tous ses territoires, serait une nation légitimement reformée, au milieu des fureurs de la guerre, en tant qu'Etat neutre. La Pologne qui a été incomplètement formée par les Empires centraux avec des territoires qui ne leur appartenaient pas, et des populations sujettes d'un Etat contre lequel ces Puissances sont en guerre et contre lequel on voudrait même l'obliger à se battre, sera, tant que durera la présente guerre, une organisation politique qui ne pourra être reconnue comme Etat, et disposera d'une organisation militaire que l'ennemi des deux Empires centraux ne pourra être obligé de reconnaître comme légitime belligérant.

Pour l'Etat polonais ainsi constitué au cours de la guerre, tous ces droits sont au contraire réclamés, au nom de cette unité nationale qui le différencie de l'Etat auquel son territoire appartient, et auquel il ne pourrait légalement cesser d'appartenir que lorsque l'existence du nouvel Etat sera reconnue et sanctionnée par un traité de paix. Dans de telles conditions de légitimité, on a voulu organiser des corps armés de volontaires polonais, qui combattent au milieu des troupes des Empires centraux, comme leurs alliés, et subordonnés à leur Commandement suprême.

Si les Russes, faisant prisonniers, parmi leurs ennemis, des hommes armés appartenant à leurs provinces polonaises, les traitaient comme des traîtres pris en flagrant délit de port d'armes contre leur Patrie, les Gouvernements des deux Empires centraux protesteraient et menaceraient de représailles. Mais de leur prétention de voir traiter ces volontaires polonais combattant en leur faveur comme belligérants légitimes et de la protestation qui en serait la conséquence nécessaire au cas où l'adversaire refuserait de les reconnaître, dérive la plus flagrante condamnation que l'Autriche puisse prononcer contre ses propres actes. Car cette prétention est la plus complète reconnaissance du principe au nom duquel Rismondo et Battisti, Filzi et Sauro, ont voulu combattre et ont été admis à combattre avec nous, et au mépris duquel l'Autriche les a immolés à cette potence que leur supplice a sanctifiée comme une croix, et a infligé à leur dépouille, mêlée à celle des malfaiteurs, le déshonneur d'une tombe qui sera bientôt un autel pour le culte des futures générations italiennes.

En face de ces horreurs de la conduite autrichienne, s'est constamment maintenue la modération et la sereine équité de la nôtre. Ni par dépravation d'initiative, ni par réaction de représailles, le Gouvernement et l'Armée d'Italie ne se sont jamais éloignés de la voie du droit et de l'équité, et nous avons livré notre guerre avec une noblesse de fins et une rectitude de moyens inconnus à notre ennemi. En sorte que, tandis que nous l'affrontions victorieusement sur les champs de bataille, nous remportions une autre et très noble victoire, au jugement des neutres et de l'histoire, par le respect des engagements pris dans les Traités, par la loyauté de nos actes de guerre, la rareté de notre recours aux représailles et notre modération dans leur usage ; surtout par la bonté innée de notre soldat qui, le combat cessé, éprouve plutôt pour les soldats d'en face réduits à l'impossibilité de se défendre, la fraternité de l'homme que l'aversion de l'ennemi.

En janvier 1917 à Kojeten près Deutschbrod en Bohême, un incendie ayant éclaté, ceux qui se distinguèrent le plus dans les efforts faits pour le circonscrire et l'éteindre, et reçurent l'éloge du Commandant de Leitmeritz pour le sauvetage efficace des personnes et des choses, furent des prisonniers italiens, tenaces, malgré les nombreuses blessures reçues, dans leur lutte contre les flammes, non pour leur propre salut, mais pour le salut d'une population ennemie au sein de laquelle ils étaient emprisonnés.

Dans les fureurs de la guerre, la justice serait satisfaite si les combattants mettaient en pratique le précepte du philosophe antique : « Rends le bien pour le bien, et au mal réponds par la justice ». Mais notre soldat, à peine sorti de la fureur du combat, sait rendre à l'adversaire incapable de résistance même le bien pour le mal, et pratiquer la maxime divine : « Aimez vos ennemis ».

La vertu de l'entr'aide et du pardon, qui n'affaiblit pas la valeur dans la bataille, mais en ennoblit, en sublime de son humanité active la haute mission patriotique, a été éloquemment exaltée par A. Trevelyan, l'illustre historien de l'épopée garibaldienne, qui, suivant la bannière où est inscrite la devise *Inter arma charitas*, vit aujourd'hui laborieusement et valeureusement parmi nos troupes, avec la Croix-Rouge britannique.

« Pas même dans cette guerre (écrit-il), pas même dans la guerre d'aujourd'hui, livrée contre un ennemi sauvage qui a foulé aux pieds toutes les lois de la guerre, les concitoyens de Saint-François et de Garibaldi ne peuvent être provoqués à la cruauté. Je l'ai moi-même constaté, alors que, dans la cour de la station sanitaire de Sagrado, les soldats italiens chancelaient et s'abattaient mourants, asphyxiés par l'emploi inattendu et déloyal des gaz délétères. C'était une heure terrible ; une terrible scène, faite pour exciter, plus que toute autre, les sentiments vindicatifs de tous les Italiens. Eh bien ! j'ai vu de mes yeux que les prisonniers autrichiens blessés étaient soignés, *même alors*, avec un soin pieux, et placés, par les hommes du service italien de santé, dans les ambulances italiennes et anglaises, à leur tour, avec les blessés italiens, sans vengeance ni insulte ».

Un peuple qui, entré en guerre pour l'accomplissement de son unité nationale, combat d'une telle manière pour l'obtenir, peut bien proclamer à la face du monde que sa guerre, par la fin qui l'inspire et par la façon dont elle est conduite, est doublement juste. Cette justice, en aussi parfait contraste avec la double injustice ennemie, sanctifie nos batailles ; et, les préservant dans le jugement des autres de tout reproche, et dans notre souvenir de tout remords, elle illuminera de la plus pure joie et d'une gloire immaculée notre certaine victoire.

AVERTISSEMENT.

La première édition de L'Italie et l'Autriche en guerre parut le 20 septembre 1917. Un mois plus tard, commençait une période douloureuse pour l'Italie et ses armes, mais au cours de laquelle sa volonté de résistance et sa foi dans la revanche ne tardèrent pas à montrer une efficacité insoupçonnée de l'ennemi.

Pendant cette phase plus récente des hostilités, l'Autriche s'est abandonnée, avec la licence la plus effrénée, à toutes les violations du droit de guerre, non seulement au cours des hostilités et dans le traitement de nos combattants, mais encore dans le régime des territoires occupés. C'est à l'histoire de ces récentes violations que sont consacrés les deux chapitres suivants, qui serviront d'appendice à la première édition.

I.

Les hostilités illicites.

La continuation de la guerre et les alternatives de sa fortune, si elles ont modifié en diverses manières, sur tous les fronts du grand conflit, les relations territoriales entre les belligérants, n'ont ni supprimé, ni atténué le contraste entre notre conduite de la guerre et celle qu'affectionne l'Autriche. Nos ennemis n'ont pas cessé de recourir obstinément et sans vergogne à la calomnie, dans le but de détourner sur nous le mépris et la condamnation méritée que leur conduite devait inspirer aux pays neutres.

Le 23 décembre 1917, les journaux autrichiens affirmaient qu' «on avait trouvé sur des déserteurs italiens des projectiles explosifs pour les fusils, qui, formés d'un double revêtement de plomb et remplis de grains de plomb, devaient éclater en frappant le but et produire, par la dispersion des plombs, d'horribles plaies lacérantes ». Notre conduite était donc dénoncée comme « une grave violation des lois les plus certaines du droit des gens ». Deux jours plus tard, l'Italie faisait paraître le plus autorisé des démentis. Il s'agissait seulement de quelques cartouches ordinaires à mitraille, employées uniquement pour les services armés de l'intérieur du pays, précisément parce que moins meurtrières que la cartouche à balle, et dont l'emploi, d'ailleurs, est sévèrement interdit sur le front.

C'est ainsi que la *Neue Freie Presse* du 29 décembre 1917 narrait en termes ampoulés que le château des Comtes de Collalto, à Susegana, avait servi de cible au tir de l'artillerie italienne et anglaise qui, « non contente de le rendre inutilisable pour des buts militaires, visait à la complète destruction de ce monument artistique ». Et dénonçant comme violation des lois de la guerre tels de nos actes d'hostilité, ce journal déplorait qu'ils eussent pour conséquence la destruction de fresques attribuées à Giotto et des peintures de Pordenone. Mais la dénonciation de la part de l'ennemi de ces actes de notre guerre, contenait implicitement leur justification. Comment se pouvait-il, en effet, que l'artillerie, en visant un château comme celui de Susegana, réussît à distinguer son objectif avec une telle précision, qu'elle pût l'endommager quant à ses fins militaires, tout en le laissant intact quant à son contenu historique ou artistique ? Et si un belligérant se trouve en face d'une difficulté aussi insoluble, la faute n'en retombe-t-elle pas sur son ennemi, qui a utilisé pour des fins militaires une partie d'un édifice qu'il eût dû être le premier à respecter, pour ne pas le priver de la sauvegarde dérivant de l'article 27 du Règlement de la Haye ? [1]

À bien plus juste titre, l'Italie pouvait élever une protestation véhémente contre le vandalisme des artilleurs

---

[1] "Art. 27. Dans les sièges et bombardements, toutes les mesures nécessaires doivent être prises pour épargner, autant que possible, les édifices consacrés aux cultes, aux arts, aux sciences et à la bienfaisance, les monuments historiques, les hopitaux et les lieux de rassemblement des malades et des blessés, à condition qu'ils ne soient pas employés en même temps à un but militaire."

autrichiens qui, à ce moment même, assouvissaient leur rage de destruction contre la Villa Giacomelli de Maser, que ne désignait à leur hostilité aucune utilisation militaire, mais que les fresques de Paul Veronèse, qu'elle contenait, désignaient au contraire au respect de tout ennemi civilisé.

Notre ennemi, si prompt à user de calomnie pour tout ce qui regarde les modes et les objectifs de guerre, a au contraire persisté contre nous, depuis le début de la campagne, par l'abus de nos uniformes et de nos insignes, dans cette déloyauté de la lutte qui disqualifie un belligérant, plus encore que l'excès de la violence. Cette déloyauté, lorsqu'en auront été réunies et documentées toutes les manifestations, perpétuera, même après le retour de la paix, la réprobation de quiconque conserve un sentiment d'honneur et considère l'embûche comme un artifice de brigand qui répugne à l'âme du vrai soldat. Qu'il suffise de rappeler l'abus de notre uniforme qui, reproduit tant de fois dans des actions isolées, a été commis, sur une plus vaste échelle, par des militaires bulgares et autrichiens, pendant l'offensive d'octobre 1917. Le correspondant même du *Times*, si exactement informé et si prudent dans ses jugements, dénonçait ce crime, commis surtout au moyen d'officiers bulgares qui, ayant suivi un cours de perfectionnement à l'école de guerre de Turin, y avaient appris la langue italienne, connaissaient nos commandements, et parlant même le dialecte piémontais, pouvaient mieux que d'autres accomplir leur tromperie sans éveiller les soupçons. Travestis en officiers italiens, ces ennemis déloyaux, dignes d'être fusillés, ont pu provoquer sur certains points de nos lignes cette confusion qui a été l'un des principaux facteurs du succès ennemi. Et plusieurs fois les aéroplanes ennemis, portant la ruine sur nos villes sans défense, n'hésitèrent pas à abuser des couleurs italiennes et de nos signaux lumineux, obtenant ainsi ce double résultat de retarder l'entrée en action de notre défense, et de frapper avec plus de sûreté un plus grand nombre de victimes dans la population, qui n'avait plus le temps nécessaire pour recourir aux abris.

D'une part donc, les expressions mêmes employées par l'Autriche, et ses protestations contre les tirs dirigés par notre artillerie sur le château de Susegana, impliquent l'aveu des manquements qu'elle essaie de nous imputer ; et d'autre part nous trouvons dans ses paroles un aveu explicite de ses excès.

Le *Slovenski Narod* du 15 décembre 1917 rapportait l'interview d'un témoin affirmant que Gorizia, à la suite de sa « libération » avait été saccagée, et que les campagnes voisines avaient subi une complète dévastation. La *Villacher Zeitung* du 6 décembre 1917 et d'autres journaux du même jour et des jours suivants, mettaient en garde la population civile, avec mention des peines encourues, contre l'achat des objets volés se trouvant en possession des soldats. On faisait allusion à des acquisitions faites par des civils, auprès de soldats, non seulement d'objets d'équipement militaire, mais aussi de bicyclettes, de caisses de bougies, de machines à écrire, et jusqu'à des tapis, des montres et des bottines de femme.

La conduite de cette soldatesque, qui continuait à se montrer cyniquement cruelle, dans les territoires qu'elle prétendait conserver ou restituer à sa patrie, ne pouvait, à cet égard, que parvenir à l'extrême dans la cruauté, lorsque l'invasion la porta sur le sol italien. Gorizia a connu la première les caresses des *libérateurs* ; les dévastations des troupes et la cruauté des officiers, encouragés par l'exemple de ce général Magy, qui fit attacher pendant deux heures un gendarme, coupable d'avoir raconté, véridiquement, que les Magyars avaient saccagé Plezzo. Au reste, nombre de journaux ennemis, au lieu de s'employer à modérer cette fureur sauvage, la stimulaient, et incitaient les troupes à des rigueurs de représailles, non point contre des violations que nous aurions commises, mais contre les jugements sévères que nous avions portés à l'égard des violations d'autrui. Il nous suffira de rappeler les odieuses expressions employées par la *Joachimsthaler Zeitung* à l'égard des prisonniers italiens que l'on venait de transporter à Heinrichsgrün : « Ces jours derniers nous avons rencontré des Italiens faits prisonniers pendant l'offensive en cours. Puisse le dur hiver de notre Erzgebirge régler leur compte à ces fils du midi ensoleillé. Chacun de ces traîtres *welches* a pleinement mérité notre haine cordiale ». Un autre journal exprimait à son tour cette haine bestialement féroce dans les termes suivants : « Vous avez enfin reçu ce qui vous revenait sur votre groin de porc, chiens d'Italiens ». En vérité, ces expressions d'un journal qui s'imprime dans la vallée célèbre pour ses mines de radium expliquent, avec le ton des excitations adressées aux troupes par les non-combattants autrichiens, la conduite des troupes qui s'opposent aux nôtres sur le champ de bataille ; elles équivalent à une radiographie de ces âmes et de ces consciences si profondément différents des nôtres.

Même dans les conditions difficiles où s'est trouvée notre armée pendant les deux derniers mois de 1917, on a continué en Italie à observer scrupuleusement, dans l'organisation des services sanitaires et dans leur activité, les obligations imposées par les traités.

Dans leur dernier numéro de l'année 1917, les *Münchener Neueste Nachrichten* rapportaient les résultats d'une visite faite par des officiers bavarois aux hôpitaux du front italien, et attestaient que leur fonctionnement avait été jugé excellent d'après l'énorme quantité de notre matériel sanitaire tombé au pouvoir des envahisseurs. Ce fait démontre, et en notre faveur, et contre notre ennemi, d'une part le parfait fonctionnement de nos services sanitaires, et d'autre part la non-observance, par les Autrichiens, des règles sanctionnées par les articles 12 et 14 de la Convention de Genève, en ce qui concerne le traitement des formations sanitaires mobiles destinées à accompagner les troupes.

Le passage dans l'infanterie des soldats du service de santé autrichien a créé des abus qui ont fait l'objet de nombreuses protestations. Les dénonciations qu'on en a faites étaient des plus justifiées, car un tel procédé permet de faire circuler avec impunité des militaires des troupes combattantes, et de leur conférer une immunité à laquelle leur destination leur enlève tout droit. Et tandis que les Autrichiens commettaient ces violations de la Convention de Genève, et violaient en tant de manières les lois de la guerre, dans leur traitement des morts, des blessés et des malades, l'humanité des Italiens ne s'est jamais démentie à l'égard des ennemis tombés. En sorte que les envahisseurs, réoccupant le San Michele, purent y lire, en guise d'avertissement et de reproche pour leur conduite, l'épigraphe gravée par les nôtres sur la roche voisine du cimetière : « Sur ce sommet, italiens et austro-hongrois, combattant en preux, ont fraternisé dans la mort ».

*
* *

Notre traitement des prisonniers, qui a été, depuis le début de la campagne, si humain qu'il a suscité parmi nous mainte critique d'excessive douceur, a continué, même après les douloureux événements d'octobre 1917, à se montrer tel que pas-même un adversaire aussi adonné à la calomnie que le nôtre n'a osé s'en plaindre. Un de nos journalistes n'a pas hésité, au contraire, à représenter notre indulgence et notre longanimité dans le traitement des prisonniers comme la manifestation d'une courtoisie imbue de romantisme. Mais d'autre part, le traitement que les Autrichiens infligeaient à nos prisonniers, s'est aggravé récemment à deux points de vue : leur emploi pour des travaux auxquels ils n'auraient pas dû être affectés, et la dureté du régime auquel ils étaient soumis.

Non seulement ils ont été employés aux travaux de réorganisation et de nettoyage de Gorizia, et aux mines de l'Allemagne occidentale, où ils ont peu à peu remplacé les prisonniers russes, mais ils ont été aussi utilisés sans scrupule pour des ouvrages de caractère militaire, dans la zône de guerre et même dans le voisinage immédiat de la zône des opérations. On les a donc contraints à agir contre leur patrie aussi efficacement que si on les avait incorporés dans l'armée ennemie ; on les a donc exposés aux hostilités de leurs propres concitoyens, défenseurs de cette patrie. Dans le même temps aussi, le traitement moral des prisonniers de guerre italiens concentrés dans les camps de détention autrichiens, allait de mal en pis. Le *Slovenski Narod* du 16 novembre 1917 publiait une dépêche de Marbourg où, au cours du récit de la traversée de cette ville par de nombreux convois de prisonniers italiens, on faisait allusion à des actes scandaleux de mauvais traitements dont la divulgation avait été partiellement interdite par la censure. Après avoir déploré que les gardiens de ces malheureux eussent permis qu'on exigeât d'un prisonnier affamé vingt lires et une montre d'or pour un pain, le correspondant ajoutait que c'étaient là les faits les moins graves, puisque, par ordre de la censure, les plus graves et les plus honteux devaient être passés sous silence. Le même journal rapportait le 22 décembre que le député Ravnibar avait présenté une interpellation au Parlement au sujet du traitement inhumain infligé aux prisonniers de guerre italiens en Autriche-Hongrie. Il est singulier que les Hongrois, oublieux de la sympathie qui unissait magyars et italiens au temps de leur commune servitude, aient paru éprouver une volupté particulière de dégénérés à brutaliser et à humilier les prisonniers italiens qui leur étaient confiés.

Les journaux anglais ont publié récemment, dans la seconde moitié de février 1918, les informations fournies par 96 officiers et 215 sous-officiers anglais rapatriés des camps de concentration allemands. Il résulte de ces renseignements que si les Autrichiens persistent dans leur mauvais traitement des prisonniers italiens, ils ne font que rivaliser à cet égard avec leurs alliés. Ces rapatriés anglais parlent de gardiens qui frappaient sans raison les italiens avec la crosse de leur fusil ou le fourreau de leur baïonnette, et d'autres qui, ayant porté la soupe aux prisonniers italiens arrivant d'un long voyage où ils avaient été privés d'aliments, se moquaient de la voracité avec laquelle ils se jetaient sur leur nourriture, puis les rouaient de coups. Les plus récents de nos rapatriés de guerre, rendus à l'Italie par voie d'échange, ont déclaré que ces continuels sévices endurcissent comme

un muscle habitué à la gymnastique de l'effort le cœur
de ces geôliers. A Nervi, où ont été recueillis de nombreux
invalides de la guerre atteints de maladies tuberculeuses,
ces victimes de la prison autrichienne ont raconté de
navrantes histoires. Nous rapporterons seulement celle
du soldat Ilario Segato, de Vicence, qui, atteint d'hémop-
tysie, avait plusieurs fois demandé vainement d'être
exempté du travail et recueilli à l'hôpital. Tout soupçon
de simulation devait être naturellement écarté d'une
manière absolue par la présence d'une fièvre continue et
les hémorrhagies constantes ; ce malheureux ne fut pas
moins contraint pendant six mois de se lever tous les matins
à quatre heures pour se rendre au travail, si bien que
lorsque enfin il put être compris dans un groupe d'invalides à rapatrier, sa santé était si irrémédiablement ruinée
qu'il n'eut plus que la seule joie de revoir sa patrie avant
d'y mourir à peine arrivé.

Laissons de côté ces exemples, les plus scandaleux, de
torture physique et de cruauté morale ; il n'en reste pas
moins que l'insuffisance et la mauvaise qualité de la
nourriture, l'incomplète protection contre le froid, le
surmenage du travail, et l'absence de tous les soins nécessités par tant de souffrances, constituent un ensemble
de maux qui font éprouver à ceux qui les subissent non
seulement la nostalgie de la Patrie, mais même des
périls du combat et des souffrances de la tranchée.

A côté des preuves des souffrances endurées par nos
prisonniers, on trouve de nombreuses preuves d'une volonté maligne de les faire souffrir. Ainsi, un journal
autrichien, après avoir parlé des peines subies par ces
travailleurs pendant l'hiver, ajoutait : « Les prisonniers
italiens, ces frileux et ces paresseux, seront heureux d'être
contraints au mouvement pendant la saison froide ».

Devant une telle dureté de cœur chez ceux qui commandent, et une aussi cynique cruauté dans la presse qui raconte et juge leurs actes, nos représailles seraient non seulement un droit, mais répondraient même à un devoir de protection envers nos frères tombés au pouvoir de l'ennemi.

Mais la brutalité innée et impulsive de l'Autrichien, et plus encore cette cruauté raffinée et préméditée de sauvages savants, alliance d'un cœur méchant et d'un esprit cultivé, se sont manifestées plus encore dans la guerre aérienne et le traitement des territoires occupés.

Au milieu de novembre 1917, le Gouvernement autrichien adressa à l'Italie, par l'entremise de l'ambassade d'Espagne, une demande en apparence honnête, mais en fait insidieuse, pour l'inviter à déclarer si Venise devait être considérée comme une place forte ou une ville sans défense. Le piège dissimulé sous cette question était évident. En fait, si l'art. 25 du Règlement de la Haye interdit le bombardement, *par des moyens quelconques*, des localités non défendues, l'article 27 impose aux belligérants qui bombardent une cité contre laquelle ces hostilités sont permises, l'obligation d'y épargner autant que possible les édifices consacrés à la religion, à l'art, à *la* science, aux œuvres charitables, et les hôpitaux, pourvu que ces lieux sauvegardés ne soient pas spécialement employés à des fins militaires. Il n'était donc aucunement besoin de questions insidieuses pour faire savoir à l'Autriche ce que lui avait déjà appris la quatrième Convention de la Haye, par elle signée et ratifiée, sur les droits et les obligations qui lui incombaient dans ses hostilités contre les villes de la Vénétie.

Les progrès de la technique militaire ont tellement impliqué dans la défense de chaque pays et dans la préparation de ses instruments de guerre tout le territoire et toute la population, qu'aucune localité ne peut demeurer, dans aucun Etat belligérant, complètement et continûment dégarnie de troupes ; et fort peu sont et demeurent entièrement dénuées d'usines ou de dépôts de caractère militaire. Mais la nécessité d'obéir aux distinctions établies par l'article 27 du Règlement de la Haye n'en est que plus impérieuse, si l'on veut vraiment éviter le massacre des populations inoffensives et la destruction de ces institutions pacifiques et philanthropiques qui doivent surtout être respectées.

Si l'Autriche eût été de bonne foi, elle eût formulé différemment sa demande, et même à l'égard des places fortes, elle eût demandé, aux termes de l'article 27 du même Règlement, que fussent clairement désignés par des marques évidentes, les édifices qu'il convient d'épargner.

Tout cela, notre ennemi ne l'ignorait nullement, mais il voulait se ménager, dans son insigne mauvaise foi, un prétexte pour s'acharner contre les villes non défendues de la Vénétie, dans l'unique but de trouver, en répandant la terreur parmi les populations, un point d'appui pour son désir de paix sans modifications territoriales. Les envahisseurs, voyant une résistance imprévue arrêter leur avance, intensifièrent, dans ce but clairement prémédité, leur guerre aérienne ; ils la conduisirent sans aucun scrupule de justice, de loyauté ou d'humanité, pour exercer indirectement une pression sur l'armée et sur le Gouvernement, au moyen de l'épouvante suscitée dans les populations pacifiques ainsi cruellement persécutées.

La nuit du 28 au 29 décembre 1917, des aéroplanes ennemis bombardèrent Trévise, Lancenigo, Montebelluna, Castelfranco, Cittadella et Padoue ; cette dernière ville fut la plus gravement frappée et la plus endommagée. Une bombe y tomba à quelques mètres de la Salle de la Raison, tuant cinq personnes, parmi lesquelles deux femmes et un enfant, qui accouraient vers un refuge voisin. Une autre bombe détruisit, dans la rue voisine de Sainte-Lucie, une maison à trois étages, ensevelissant plusieurs personnes sous ses décombres, tuant deux militaires de passage et pulvérisant le corps d'une malheureuse jeune fille de quinze ans, qui sortait à ce fatal instant, en quête d'un cordial pour sa mère malade. Dans la rue du Séminaire, la bibliothèque historique du Grand Séminaire, qui occupait l'étage supérieur de l'édifice, fut endommagée. La bombe, éclatant sur le mur qui domine la cour intérieure et rejaillissant avec une grêle de débris devant le monument du bienheureux Grégoire Barbarigo, ne produisit pas les dégâts irréparables qu'eût subis la bibliothèque, riche de plus de 100.000 volumes, si elle avait frappé directement le toit ; mais elle provoqua un incendie qui ne fut maîtrisé qu'après qu'il eût causé de très sérieux dommages. En même temps, la rue du XX Septembre, la place Pétrarque, la voûte du Lovo étaient frappées, des maisons effondrées, des églises et d'autres monuments endommagés ou menacés, quinze morts et cinquante-huit blessés furent transportés aux hôpitaux. Ces victimes appartenaient toutes, sauf trois, à la population civile. Parmi les édifices endommagés ou détruits, aucun n'avait caractère militaire ou n'était, fût ce temporairement, affecté à un usage indirectement militaire. Les bombes avaient été délibérément lancées dans un rayon de quelques centaines de mètres autour du centre de la ville, démontrant quelles intentions poussaient nos ennemis à reprendre, après un an d'interruption, la persécution de la cité. Quelques éclats de la bombe tombée dans la rue Sainte-Lucie frappèrent la façade du palais d'Ezelin, érigé dans la seconde moitié du XII° siècle. « Les siècles ont respecté cet édifice », dit l'inscription gravée sur une plaque encastrée dans la façade. Mais ce que huit siècles de guerres et de révolutions ont constamment respecté n'inspirait nul respect à un ennemi, également obstiné désormais à invoquer en sa faveur, et à méconnaitre pour son compte, toutes les raisons d'humanité et toutes les règles du droit des gens.

****

Le soir du 29 au 30 décembre, l'incursion se répéta sur plusieurs villes non défendues de la Vénétie, et s'acharna sur Padoue plus cruellement encore. Plus de vingt bombes frappèrent, dans les quartiers les plus pauvres, de nombreuses habitations ouvrières qui s'écroulèrent, écrasant leurs occupants sous leurs ruines. L'église des Carmes, sa coupole atteinte d'une bombe incendiaire, illumina sinistrement de ses flammes, pendant les premières heures de la nuit, une grande partie de la ville. Un peu plus à l'ouest, était frappée la petite église de Saint-Valentin, et deux bombes tombaient dans les cours de deux hôpitaux. Dans cette seconde incursion, l'ennemi n'avait fait que six victimes (trois morts, dont un enfant en bas âge, et trois blessés, parmi lesquels une femme), parce que la population était accourue plus promptement dans ses refuges ; mais les dégâts causés aux monuments étaient plus considérables. Encouragé par ces succès et emporté par cette cynique indifférence de toute inhibition morale qui caractérise le criminel certain de ne plus tromper personne sur ses intentions, l'ennemi revint dans la nuit du 30 au 31 décembre, et s'acharna sur Padoue avec plus de férocité que dans les deux nuits précédentes, multipliant ses attaques, à de brefs intervalles de 9h ½ du soir à 4h ¼ du matin. Cinquante-deux bombes furent lancées cette nuit-là, dont seize incendiaires, faisant peu de victimes parmi la population, désormais habituée à chercher refuge dans ses abris, mais occasionnant aux édifices, et particulièrement aux monuments publics, de très graves dommages. Une bombe tombée près de la basilique de Saint-Antoine, brisa les colonnes de marbre à l'entrée du Musée et en dispersa les fragments sur l'église ; l'une des portes de bronze de cette dernière, fondue à l'occasion de son centenaire, fut perforée en plusieurs endroits, et les colonnes intérieures, plusieurs monuments et surtout les vitraux, furent endommagés. Une autre bombe, tombée entre le jardin public et l'église des Ermitains, manqua de peu l'église de l'Annunziata qui est, pour les fresques de Giotto qu'elle renferme, non seulement un des plus précieux trésors de Padoue, mais un si sublime temple de l'art qu'il devrait éloigner même les plus sacrilèges des profanateurs. Mais si l'église de l'Annunziata n'était ainsi que menacée, et l'église du Saint frappée peu gravement, la Cathédrale subissait des dégâts considérables : une bombe la frappait sur le toit, près de la façade principale, et en arrachait presque entièrement le fronton, qui avec une partie du toit, couvrait la place de ses débris, tandis que d'autres bombes endommageaient d'un côté de la Cathédrale l'évêché, et de l'autre le palais monumental où a son siège le Mont-de-Piété. En quatre incursions, Padoue avait reçu cette nuit-là, consacrée aux jours heureux de la paix à fêter l'avènement d'une année nouvelle, plus de soixante bombes, dont plusieurs incendiaires.

On signala immédiatement de plusieurs côtés l'impossibilité où s'était trouvé l'ennemi de frapper par erreur l'église de Saint-Antoine. La pleine lune brillait dans le ciel limpide et serein, et le gigantesque édifice se détachait à la clarté nocturne avec assez de netteté pour qu'on dût le reconnaître, même d'une altitude élevée. Et d'autre part, la Cathédrale ne pouvait pas davantage être victime d'une erreur, puisque, dans un rayon considérable autour d'elle, ne se trouvait aucun édifice d'intérêt militaire, mais seulement des hôpitaux qui auraient dû, pour un ennemi respectueux des lois de la guerre et accessible à la pitié, compléter la sauvegarde de la Basilique d'une constellation d'autres sauvegardes. Le sacrilège intentionnel de l'aviateur ennemi était donc évident. Après s'être élevé au dessus de l'église de Saint-Antoine à une hauteur de 2000 mètres, il s'était brusquement abaissé jusqu'à 700 mètres, et de là, survolant la nef antérieure, il avait laissé tomber une bombe qui, déviée légèrement dans sa chûte, ne la manqua que de peu. C'est par le même procédé que les autres aviateurs reconnurent et frappèrent l'église des Ermitains, celle de l'Immaculée Conception et, avec plus de succès, la Cathédrale. Presque toutes les maisons écroulées cette nuit-là se trouvent dans le voisinage immédiat des églises atteintes. Il reste à démontrer si l'ennemi a détruit par erreur les habitations des citoyens paisibles en voulant détruire les temples chers à leur foi, ou bien s'il a endommagé ou menacé ces derniers en cherchant à assouvir sa rage sur ces habitations des citoyens pacifiques qu'il aurait dû également respecter. Le prudent correspondant du *Times*, toujours si mesuré dans son langage, jugeait alors que « l'action des aviateurs ennemis démontre que la volonté de chercher à détruire les incomparables trésors de l'architecture italienne est invariable ».[1]

« Il est impossible », écrivait l'*Osservatore Romano* le lendemain de la troisième aggression aérienne, « que ces incursions ne remplissent pas toute âme noble de douleur et de réprobation ». Et il ajoutait que le Souverain Pontife s'était adressé à l'Empereur d'Autriche « l'exhortant à s'abstenir dans l'avenir de ces procédés qui, sans apporter aucun avantage militaire, font des victimes innocentes, détruisent des églises et des monuments précieux, et ainsi *ne sont point justifiables* aux yeux du droit international ».

Mais la rage maligne de l'ennemi, comme elle avait outrepassé toute interdiction juridique et morale, toute retenue et tout remords de sa conscience, resta insensible à l'avertissement du Souverain Pontife et à ses exhortations. Et tandis que Padoue en larmes honorait ses victimes, les mêmes bourreaux s'apprêtaient à faucher d'autres existences dans les villes non défendues de la Vénétie. Dans la nuit du 3 au 4 janvier, l'ennemi revenait sur Trévise et sur Padoue, occasionant à celle-là de légers dommages, de beaucoup plus considérables à celle-ci, et y blessant six personnes. De deux heures et demie à six heures du matin, la ville fut de nouveau la cible des aviateurs ennemis qui y lancèrent une trentaine de bombes, détruisant plusieurs maisons, endommageant d'autres églises et celle de Saint-Matthieu, et produisant plusieurs incendies. Cette fois-ci encore, l'ennemi *voulut* frapper le centre de la ville. Les aéroplanes s'abaissèrent à basse

---

[1] « Their action shows that the policy of trying to destroy Italy's incomparable architectural treasures is being persisted in. »

altitude avant de laisser tomber leurs bombes. Aucun objectif militaire ne fut atteint, mais les habitations inoffensives, parce que les aviateurs ennemis voulurent les frapper, parce qu'ainsi en avaient ordonné les autorités dont ils dépendaient.

Après une brève pause, déterminée par les conditions atmosphériques, l'ennemi reprit, vers la fin du mois, son activité criminelle, et chercha, cette fois, à intensifier l'alarme des populations, par l'envoi successif d'escadrilles peu nombreuses qui prolongeaient pendant la nuit entière le péril et l'angoisse.

Le soir du 26 janvier 1918, l'agression contre les villes de la Haute Vénétie, commencée à sept heures, se poursuivit à intervalles, jusqu'à l'aube. Trente bombes tombèrent sur Trévise, tuèrent quelques femmes, et détruisirent quelques maisons. Sur Mestre et ses environs quatre-vingt bombes furent lancées ; les quartiers les plus pauvres furent frappés et les blessés transportés dans des hôpitaux, pourtant munis, comme toujours et partout, des signes les plus évidents de leur destination, y furent poursuivis encore par un agresseur auquel la Croix Rouge désigne un but d'attaque. Et ce crime fut perpétré dans une zône restreinte, toute occupée par des hôpitaux, et où l'erreur était particulièrement impossible.

*
* *

Notre ennemi a continué dans ses agissements toutes les fois que la clarté nocturne lui a été favorable, pendant les mois de janvier et de février. Il sembla un instant que nos dénonciations, que les protestations des neutres et celles du Souverain Pontife, l'eussent fait rentrer en lui-même, et que les exhortations de celui qui parlait à l'empereur d'Autriche au nom d'une loi commune et plus haute, dussent n'être ni stériles ni vaines. Mais les faits ne tardèrent pas à détromper toute espérance ; et le martyre des cités sans défense et des populations inoffensives continua, et accentua sa cruauté. Après avoir, pendant plusieurs nuits, frappé de bombardements rapides et violents Bassano, Trévise et Castelfranco, Crespano et Cittadella, l'ennemi revint sur Mestre, dans la nuit du 2 au 3 février et, de 1h 40 à 6 h. du matin, y lança 120 bombes, laissant 18 morts et 17 blessés, plusieurs maisons démolies, et l'église de Saint-Laurent gravement endommagée. La même nuit, Trévise était frappée de trente bombes qui y tuaient cinq personnes, trop tard mises en route vers les refuges, et causaient de graves dégâts à l'Hospice Civil. La nuit suivante, les aéroplanes ennemis revenaient sur Padoue et, de trois heures à cinq heures, y déchargeaient une soixantaine de bombes, tuant quatre personnes, en blessant dix et détruisant et endommageant de nombreux édifices, dont aucun n'avait directement ou indirectement de caractère militaire, et qui tous se trouvaient dans les quartiers les plus pauvres et les plus peuplés. Les objectifs préférés et atteints et la qualité des victimes démontrent une fois de plus la volonté arrêtée de semer la terreur et le désarroi parmi la population inoffensive de la cité.

L'Hôtel d'Italie fut cette nuit-là complètement détruit ; le palais Morosini, aujourd'hui palais Verson, une des plus belles et des plus solides constructions du Prato della Valle, fût démoli du toit au sol sur une de ses faces. A l'extrémité opposée de la ville, deux autres hôpitaux recevaient des bombes ainsi que le refuge de la Rotonde, célèbre pour le massacre du 11 novembre 1916. L'ennemi revint cette même nuit, après un long intervalle, sur

Venise, y laissant tomber plusieurs projectiles qui ne produisirent heureusement que de faibles dégâts, et sur Mestre et Trévise. Dans la nuit du 4 au 5 février, Trévise, Mestre, Venise et Padoue étaient de nouveau visitées. Soixante bombes furent lancées sur Padoue, endommageant de nombreux édifices et mettant en grave péril, par la proximité immédiate de leur chûte et de leur éclatement, l'église de Saint-François, celle des Ermitains et frappant pour la seconde fois la salle de l'ex-Confraternité de la Charité. D'autres projectiles tombèrent entre le Camposanto et l'hospice des tuberculeux, portant l'insulte parmi les tombes et la menace parmi les malheureux les plus dignes de respect et de piété. Une des bombes frappa en plein l'édifice scolaire Regia Carrarese, magnifique construction érigée en 1880 sur les plans de Camille Boito, et ainsi nommé parce que les restes du palais des Seigneurs de Carrare y sont tout voisins, entre le monument et la Cathédrale. Ces écoles, transformées en hôpital et désignées de la manière la plus claire, s'élèvent à proximité de la salle monumentale de l'ex-Bibliothèque, aujourd'hui Ecole et Laboratoire d'Archéologie, du palais de la Seigneurie, et de la monumentale Loggia della Gran Guardia. Elles sont donc un édifice placé sous la sauvegarde de la Croix Rouge, et tout entouré d'un vaste cercle d'autres monuments publics, et ne pouvaient être atteintes, au cours d'une claire nuit de lune, sinon par un ennemi vraiment acharné à les détruire, ou à frapper les monuments qui les entourent. L'explosion fut si meurtrière qu'elle fit s'écrouler tout un pan des écoles de garçons, endommageant aussi l'aile des écoles de filles, affectée elle aussi au soin des blessés. La Maison de Correction la même nuit fut frappée d'un projectile qui fit s'écrouler une partie de l'édifice, et de nombreuses habitations privées, sur divers points de la ville, subirent de très graves dommages. Le bombardement fut repris le soir du 5 février sur Venise, Mestre et Trévise, et le 6 sur Mestre, Trévise, Bassano et Calvisano près de Brescia.

****

La longue et fatigante, quoique incomplète, énumération de ces attaques aériennes, n'a point pour objet la simple reproduction de quelques pages de douloureuse chronique; elle vise à faire ressortir, par l'éloquence des faits eux-mêmes, à quelles fins ont tendu, dès le début, et tendent encore avec une ténacité féroce, les incursions aériennes de notre ennemi. De ce fidèle récit des faits il résulte que les maisons et les places, les monuments historiques et artistiques, et les églises, et les voies les plus pauvres où s'entasse la population la plus misérable, n'ont pas été frappées parce qu'il y est tombé des bombes destinées à des établissements militaires ou à des ouvrages intéressant la guerre, mais parce que ces églises, ces monuments, ces centres de population pacifique, étaient visés délibérément par l'attaque aérienne. L'Autriche a tenté de se justifier en soutenant que les villes attaquées ne pouvaient être considérées comme villes ouvertes et non défendues, et que Padoue en particulier ne pouvait être déclarée sans défense, puis qu'elle était un centre de commandement et un point de concentration des réserves et du matériel de guerre.

Mais à ces affirmations vient s'opposer le fait que nul établissement militaire et nul dépôt de matériel de guerre n'y ont été frappés, parce qu'il n'y en avait point à frapper, dans les zônes battues; où les établissements de caractère militaire n'existaient pas, l'ennemi a voulu le martyre d'une ville sans défense ; où existait quelque établissement militaire, ou quelque édifice affecté à un usage touchant de près ou de loin à la guerre, l'ennemi l'a de toute évidence évité, pour choisir ses objectifs dans ces centres de population ou dans ces zônes hospitalières et monumentales certainement identifiables, qu'il s'était explicitement obligé à respecter, mais dont il lui convenait de faire le but de ses attaques, pour tenter d'obtenir, avec un cynisme implacable, le résultat moral désiré.

Le caractère des édifices frappés et détruits, le caractère des personnes tuées, blessées, ou laissées sans toit, démontrent que l'objectif de l'ennemi n'a jamais été autre que la terreur des populations qui devait, conformément à ses désirs et à ses espérances, non pas stimuler, comme elle a fait, la volonté de résistance et la soif de vengeance du pays, mais être sa complice pour contraindre notre Gouvernement à conclure la paix ambitionnée par l'Autriche.

La *Kölnische Zeitung* du 5 janvier 1918 avait déjà résumé ces prétextes spécieux en affirmant que « Padoue était devenue un centre d'organisation militaire, et que l'ennemi était donc dans son plein droit s'il l'attaquait avec tous les moyens, selon les exigences de la guerre ». — « Si les monuments et les églises », continuait ce journal, « sont frappés, cela est déplorable, mais inévitable, tant que le Commandement italien fera de cette ville le centre des opérations militaires. Les journaux italiens se lamentent ; mais les Italiens auraient pu beaucoup mieux protéger leurs monuments en restant en paix, au lieu de déchaîner légèrement la guerre, comme ils ont fait ; et ils ne sauraient prétendre aujourd'hui à exiger de l'adversaire le respect d'une zône qui doit faire objet de litige entre les combattants ». — Et après avoir de la sorte cyniquement raisonné, il concluait cyniquement : « Qui entre en lutte avec son voisin doit être prêt à en recevoir les coups ».

On ne saurait concevoir plus faible excuse et plus répugnante conclusion. Alors que les conventions, souscrites par nos ennemis eux-mêmes, et continuellement invoquées par eux en leur faveur, pourvoient à la sauvegarde, même dans les localités qui peuvent être frappées, des édifices voués au culte, à l'art et à la bienfaisance, l'ennemi prétendrait que la présence d'un établissement militaire quelconque, existant dans une ville ouverte, fait de cette ville et de toute sa population civile, des buts légitimes de son bombardement. Pour invoquer une telle excuse, qui même si elle n'était pas totalement dénuée de fondement serait, pour ce qui concerne le reste de la cité, un vain prétexte, l'ennemi dénonçait des édifices et des dépôts militaires qui n'existaient pas, et dont l'inexistence était confirmée par le résultat même de ses plus furieux et de ses plus intenses bombardements aériens. Au reste, le sophisme de nos ennemis se trouve réfuté, non seulement par la claire signification des clauses affirmées par leurs gouvernements dans le Règlement de la Haye, et par le résultat de ces bombardements, mais encore par l'identité des actes commis jadis par les aviateurs ennemis contre la même ville, alors que nos troupes s'étant avancées au-delà de l'Isonzo, Padoue, quoique comprise dans la zône de guerre, se trouvait à l'extrême bord de ses lignes arrière. Padoue avait été alors frappée à maintes reprises ; alors plus de cent victimes y avaient été faites par des projectiles frappant le refuge de la Rotonde ; alors Vérone avait été attaquée plusieurs fois dans ses quartiers les plus riches en monuments, comme, au début de la campagne, Vicence, Milan, Ravenne et Venise.

De même qu'à Venise, toutes les attaques ont négligé les ouvrages militaires détachés pour frapper le centre habité et monumental de la ville ; c'est ainsi qu'à Padoue a été atteint, tant au cours de notre avance au-delà de l'Isonzo qu'après notre retraite sur la rive droite du Piave, ce centre monumental exclusivement occupé par des églises, des écoles, des musées et des habitations civiles, où n'existait aucun établissement de caractère militaire.

On ne saurait soutenir la prétention que, dans l'automne de 1917, l'ennemi aurait senti de bonne foi le besoin de constater, pour la justification de ses incursions sur les villes ouvertes de la Vénétie, des conditions de fait qu'il avait méprisées avec une telle désinvolture pendant les années 1915 et 1916, et avant octobre en 1917. Mais si même, dans cette dernière période, les affirmations autrichiennes n'avaient pas été, en fait, entièrement mensongères, elles n'eussent pu justifier l'œuvre destructrice accomplie contre la cité. « Autant vaudrait (comme le dit bien F. Ivrea), autant vaudrait reconnaître le droit de l'adversaire à détruire tout pays ou toute ville où l'on trouve un seul soldat, ou un seul objet qui puisse être utile à la guerre ». Puis donc que le bombardement des places fortes est licite, et puisque, dans ces villes fortifiées, les monuments et édifices consacrés au culte et à la charité doivent être respectés, la règle de conduite reconnue par le monde civilisé et par lui sanctionnée dans les traités est que le bombardement des places fortes lui-même doit être limité per le respect des édifices de caractère essentiellement pacifique. Au contraire il est évident que si, dans les localités non fortifiées et non défendues, on veut juger légitime de frapper les édifices de caractère spécifiquement militaire, nul ne pourrait soutenir que, à cause de l'existence d'un seul établissement de ce genre, toute la

ville non défendue et ses habitations perdent leur immu
nité. Et il serait à plus forte raison absurde de prétendre que
les églises, les monuments artistiques et historiques et les
hôpitaux, y perdent cette protection à laquelle, par consentement universel confirmé par l'article 27 du Règlement de la Haye, ils ont droit, même dans les localités
défendues et fortifiées. Et l'on ne saurait non plus déclarer
inévitable, dans ce dernier cas, l'erreur d'objectif, puisque
les incursions nocturnes ne peuvent être effectuées que
durant les nuits claires ; et que, dans ces conditions favorables de lumière, le repérage approximatif du but
est beaucoup plus facile du haut de l'espace aérien que
de la terre ou de la mer. Il ressort donc avec évidence que
si, dans ces conditions, la masse d'une basilique, ou d'une
école, ou d'un hôpital, est frappée dans la zône centrale
d'une ville non défendue, l'aviateur a réellement voulu
atteindre cet objectif, et a su, en laissant tomber ses
bombes, qu'il frappait cet objectif ou les habitations
des citoyens inoffensifs qui l'avoisinent.

Plus grande est donc la possibilité de déterminer la
situation et de reconnaître l'aspect général de ces édifices,
plus grande est la facilité de les éviter ; et c'est pourquoi
plus sont fréquemment répétés les destructions d'églises,
d'hôpitaux et de monuments, et les massacres de la population civile, et plus se démontre la malignité consciente
de l'ennemi qui les a frappés.

Après une violation aussi évidente et obstinée des
lois divines et humaines, il était naturel que fût renou-
velée la protestation du Souverain Pontife « contre une
forme de guerre qui, appliquée à des villes non défendues,
tout en n'apportant aucun résultat militaire, peut faire
des victimes, comme elle l'a fait, hélas ! parmi les non-
combattants ; elle peut endommager, comme elle l'a fait

en réalité, le saint patrimoine de la religion et de l'art, en aiguisant toujours plus les haines et les rancœurs nationales ».

La *Frankfurter Zeitung*, parlant de la protestation du Pape contre le bombardement de Padoue, l'accusait implicitement d'avoir manqué à ses devoirs de neutralité, parce qu'il n'avait pas auparavant élevé la même protestation contre le bombardement de Carlsruhe. Mais cette gazette, comme la *Tägliche Rundschau* et la *Kölnische Volkszeitung* du 13 janvier 1918, qui reproduisaient le même argument, oubliaient que tant ce bombardement de Carlsruhe que celui de Fribourg en Brisgau, avaient été accomplis comme représailles d'autres bombardements de villes ouvertes perpétrés d'abord par l'ennemi. Du reste les intentions germaniques étaient illustrées clairement par le communiqué du *Wolff Bureau* du 13 décembre 1917, qui annonçait cyniquement que dans la Vénétie « une région florissante allait se transformant automatiquement en désert, d'un jour à l'autre ».

*
* *

En face de la cynique fureur de cruauté de ces ennemis armés qui perpétraient tant de massacres, et de la froideur de cœur de ces ennemis non armés qui les exaltaient, en les racontant comme des exploits glorieux, resplendit l'humanité des armes italiennes, qui a tant de fois fait manquer, tant de fois fait se produire trop tard, nos plus justes représailles, et souvent nous a incités à traiter avec la bonté évangélique de celui qui rend le bien pour le mal, l'agresseur tombé en notre pouvoir. Un aviateur allemand abattu par les nôtres le 26 décembre 1917 au cours d'un combat aérien au-dessus de Trévise, faisait, des instants qui suivirent sa chûte et sa capture, le récit suivant rapporté par M. Fraccaroli dans le *Corriere della Sera* : « Touché, je tombai avec mon appareil en flammes ; emprisonné par l'incendie, j'allais brûler moi-même. Mes vêtements flambaient déjà. J'avais la lucide sensation de cette mort atroce. Tout à coup, je me vis entouré de soldats italiens qui me tirèrent hors de l'appareil et, pour me sauver du feu, risquaient eux-aussi de mourir brûlés. Ils me jetèrent, me serrèrent sur le dos leurs mantelets, pour étouffer les flammes qui déjà s'étaient formées. Je pleure de reconnaissance, au souvenir de ces généreux soldats italiens auxquels je dois la vie ».

Telles sont nos représailles : le secours à l'ennemi tombé au cours d'une tentative de bombardement de nos villes ouvertes. Et les représailles de notre ennemi : répondre à un tel acte de charité par une autre incursion sur Padoue qui y frappait le quartier le plus pacifique, le plus riche en monuments, le plus peuplé de la ville.

Après ce dernier crime, le correspondant de la *Morning Post* le définissait dans le dernier numéro de 1917 « une barbarie insensée »; le *Daily Mail* du même jour reconnaissait désormais aux Italiens le droit de se demander s'il valait la peine de traiter avec chevalerie un tel ennemi. Combien plus justifiée est la répétition de cette question, et combien plus facile d'y répondre, quand l'ennemi a répété ses agressions criminelles contre nos villes sans défense, dans des conditions qui lui interdisaient désormais jusqu'au sophisme de ces prétextes dont il avait jusque là cherché à atténuer la gravité de ses méfaits !

Au retour des conditions atmosphériques favorables, les aéroplanes ennemis revinrent s'acharner sur la malheureuse cité. L'agresseur s'était excusé précédemment en invoquant la présence de quelque bureau militaire ;

il ne pouvait plus maintenant recourir à un tel prétexte, car dans l'intervalle, les bureaux militaires avaient été transférés ailleurs. Mais la fureur destructrice persistait, même alors qu'elle ne pouvait plus se couvrir du masque de l'hypocrisie, et sa rage infernale poursuivit infatigablement son oeuvre de destruction, confessant du même coup la préméditation consciente des agressions passées.

Dans la nuit du 18 février, une nouvelle incursion frappait Vicence. Dans la nuit du 20 au 21 février l'agression se répéta sur Venise, Mestre, Trévise, Vicence et Padoue où le bombardement, comme à Venise, se renouvela trois fois. A Venise plusieurs grosses bombes furent lancées contre les quartiers artistiques, sur les deux rives du Grand Canal, entre le Palais Tiepolo et l'Académie des Beaux-Arts. A côté même de l'Académie, quelques pauvres habitations étaient démolies et comblaient de leurs débris l'étroit passage de la rue voisine. Une bombe tombait sur le palais Mocenigo, où Byron avait habité en 1818, et deux autres à San Samuele, dont l'une explosait dans la cour de l'ancien palais Grassi, aujourd'hui palais Stucky, construit par Massari et orné de fresques de Pietro Longhi.

Plusieurs femmes et vieillards, réfugiés sous le porche intérieur du palais, y furent tués ou blessés. L'autre bombe éclatant vers le bord du Campiello, projetait ses éclats contre la façade du palais Malipiero, et de l'autre côté du canal contre les palais Rezzonico et Giustiniani, frappant ainsi le tranquille asile où Wagner avait composé *Tristan et Iseult*. A Mestre, dix bombes causaient divers dégâts aux maisons, mais on n'avait à déplorer aucune victime humaine.

A Vicence, tandis qu'on préparait des obsèques solennelles aux victimes de l'incursion de la nuit précédente, la ville et les faubourgs recevaient huit bombes, qui tuaient deux enfants et en blessaient deux autres sous les yeux de leur mère. A Trévise l'ennemi s'acharnait deux nuits de suite sur les maisons presque désertes, et à Padoue, qui n'offrait plus le moindre prétexte à une attaque, il revenait trois fois dans la nuit du 20 au 21 février.

Dans la maison de santé du docteur Borgherini, étaient tuées deux sœurs de Charité et deux autres blessées. Une autre bombe tombait sur le toit de la maison habitée par ces sœurs. Une maison dans la rue Garibaldi, et une autre sur la place des Ermitains étaient détruites sur le coup, emplissant de leurs décombres la rue et la place.

La promptitude avec laquelle la population était accourue aux refuges avait en partie trompé les intentions de l'agresseur ; toutes ces ruines n'avaient enseveli que six morts et quelques blessés.

La nuit du 24 février, deux attaques furent lancées sur Venise. Au cours de la première, plusieurs bombes tombèrent, dont une sur une maison momentanément abandonnée, où elle ne produisit que des dommages matériels, mais ses éclats, se dispersant sur les maisons voisines, y faisaient plusieurs victimes. Pendant la seconde incursion, les victimes furent plus nombreuses, toutes parmi la population civile, et plus longues et plus brutales furent les attaques sur Mestre et sur Venise, où furent lancées deux-cents bombes dans la nuit du 26 au 27 février, qui endommagèrent gravement les gares du chemin de fer et les hôpitaux, et à Venise détruisirent plus de soixante maisons. Ce bombardement a été non-seulement le plus furieux de tous ceux que les villes italiennes ont eu à souffrir depuis le commencement de la guerre, mais il a de plus confirmé, par sa durée et par le caractère de la zône battue, l'évidence du ferme propos de frapper et de détruire à Venise tout ce qui constitue son patrimoine artistique et sa gloire historique.

Le bombardement des centres habités est toujours un acte de brutalité, mais celui de Venise, comme le disait justement M. Ward Price dans un article du *Times*, outrepasse la brutalité et devient sacrilège. Il est en effet pratiquement impossible de lancer des bombes sur cette ville sans y détruire où endommager irréparablement quelque trésor artistique. Si l'on pense que quinze bombes tombèrent à proximité du palais des Doges et dix près du Pont du Rialto, cette même nuit, et que, au cours d'un bombardement antérieur une bombe était tombée et s'était enfoncée dans le sol à quelques mètres de l'Eglise St-Marc, on juge de l'énormité du sacrilège et du cynisme de ceux qui en sont responsables. Une autre manifestation du même cynisme apparaît dans l'agression dont Naples fut victime dans la nuit du 10 au 11 mars 1918. Les citoyens, réveillés vers une heure par l'attaque imprévue, crurent qu'elle provenait d'un ou de plusieurs sous-marins, alors qu'elle émanait d'un dirigeable qui, volant à très grande hauteur, se trouvait dans l'impossibilité de repérer des objectifs précis, mais lançait, au cours de son rapide passage d'un quart d'heure, vingt bombes, qui endommageaient quelques maisons privées, un hospice et plusieurs églises, et faisaient environ soixante victimes, plus de quarante blessés et seize morts, appartenant tous à la population civile. Dans ce cas aussi, l'œuvre accomplie révélait l'intention ; mais en dehors des actes, on pouvait juger l'ennemi sur ses propres aveux. L'un des aviateurs ennemis, qui avait été fait prisonnier à son retour de l'un des bombardements de Padoue, a fait pendant son emprisonnement cette déclaration qui a été rapportée dans la presse italienne : « Nous ne cherchons pas à savoir où sont les commandements et les grands dépôts de l'ennemi. Quand nous bombardons une ville, c'est bien elle que nous voulons détruire et ses citoyens que nous voulons frapper, parce que c'est ainsi seulement que l'on viendra à bout de la résistance de l'ennemi. Quand nous bombardons Paris, Londres et Padoue, les objectifs militaires sont pour nous secondaires. Il est donc inutile que vous continuiez à vous lamenter si parmi les victimes il y a toujours l'inévitable femme ou l'immancable enfant. S'ils ne se mettent pas à l'abri, c'est tant pis pour eux ». Le prisonnier n'exprimait pas là une appréciation personnelle ; il illustrait la doctrine de guerre du service germanique d'aviation tout entier, les fins pour lesquelles il agit et les instructions qui règlent son activité.

A une telle malignité de l'ennemi, il n'existe qu'une réponse adéquate. Il n'est plus suffisant de protester, cu de la dénoncer, avec plus ou moins d'éloquence, au jugement des contemporains et de la postérité. Il faut des représailles qui infligent à l'ennemi l'expérience des injustes souffrances qu'il a si souvent infligées volontairement à nos populations pacifiques, et qui l'induisent à s'abstenir, dans son propre intérêt, des infamies que les contraintes juridiques et morales ne suffisent pas à lui interdire. C'est ce que firent nos aviateurs, après avoir longtemps attendu vainement le résultat de nos justes protestations, lorsqu'ils bombardèrent le 21 février la station d'Innsbrück et le 26 celle de Bolzano.

***

Contre ces actes de légitime représaille protestèrent fortement les autorités et les journaux des pays ennemis, témoignant d'une mentalité et d'une nature morale qui, si elles sont simulées, révèlent une hypocrisie raffinée, et, si elles sont sincères, une véritable démence. Après de nombreuses tentatives de propagande antipatriotique effectuées chez eux par les aviateurs ennemis, qui lançaient des opuscules remplis d'affirmations mensongères et de suggestions perfides, les Anglais se sont décidés à faire agir également leurs propres aviateurs. Les premiers, lorsqu'ils avaient été abattus et faits prisonniers par les Anglais, pendant leur vile campagne, avaient toujours été traités comme des prisonniers de guerre. Au contraire, les aviateurs anglais Scholtz et Wookey, faits prisonniers par les allemands pendant une des premières tentatives de représailles anglaises, furent traduits en jugement et condamnés en Allemagne comme des malfaiteurs, et la Grande Bretagne n'a réussi que par la menace des répresailles, communiquée à l'Allemagne le 12 février, à soustraire ses aviateurs capturés par l'ennemi à l'iniquité de ce traitement, et à faire valoir auprès de l'Allemagne les raisons de la réciprocité. Tels furent les excès de la guerre aérienne. Pendant des mois et des mois, notre ennemi a continué le martyre de nos villes non défendues ; et de notre côté l'on a continué à ne bombarder que ses ouvrages militaires et ses parcs d'aviation, espérant toujours dans l'efficacité de nos protestations et dans son retour à plus de conscience. Quand tout espoir de le voir changer de conduite fut perdu, et que notre ennemi eut persisté à s'acharner sur des villes ouvertes contre lesquelles il ne pouvait plus invoquer ni une raison, ni même l'ombre d'un prétexte, et que, sur des aviateurs ennemis faits prisonniers, on eut trouvé jusqu'à des instructions de frapper et de détruire sans discernement ni pitié, le Commandement se vit contraint d'user de représailles. Et alors notre ennemi, suivant un système déjà adopté d'autres fois et à propos d'hostilités d'un autre genre, se posa en victime et à son tour protesta et menaça, comme si un droit divin existait en sa faveur, pour lui rendre licite contre nous ce qui pour nous devait rester interdit contre ses sujets et son territoire.

A propos de ces représailles, si tardivement commencées, on peut répéter ce que disait l'auteur d'une lettre adressée au *Times* le 18 décembre 1917, à savoir, que la bombe lancée par les aéroplanes doit être désormais considérée comme une éducatrice (*as an educator*). « Il faut », écrivait ce correspondant, « bombarder du haut des airs les villes de l'ennemi ; mais il nous faut les bombarder, non dans un esprit de vengeance, mais dans un but d'éducation. La population civile des pays ennemis ne ressent que les conséquences économiques de la guerre ; si on le contraint à en ressentir également, avec fréquence et intensité, les conséquences proprement belliqueuses, et à subir les périls et les angoisses qui tourmentent nos populations, l'ennemi aussi commencera à éprouver quelque hésitation, et l'hésitation est le commencement de la sagesse » (*will acquire reluctance, and reluctance is the beginning of wisdom*).

Et ce qui est vrai dans les rapports entre les Italiens et leurs ennemis, entre les Anglais et leurs ennemis, devrait l'être aussi dans les rapports entre chacun des alliés et un ennemi, pour répondre à des violations commises par lui aux dépens d'un autre allié. Si les Alliés doivent être, jusqu'à la fin de la guerre, comme une seule famille, et leurs armées se considérer comme des secteurs d'un même et unique front de bataille, sur l'un quelconque de ces secteurs ils pourront et devront accomplir, selon les indications de l'opportunité, de promptes et adéquates représailles contre des violences commises par l'un ou l'autre des ennemis dans une partie quelconque du théâtre de la guerre.

Tout cela non-seulement cimentera l'union des Alliés, et fera sentir à chacun d'eux, par la pratique de la solidarité, l'avantage de l'alliance, mais exercera plus promptement et plus efficacement sur l'ennemi cette action éducative dont il a surtout besoin.

Lorsqu'il aura expérimenté dans ses populations et dans ses villes, dans la destruction de ses monuments et la douleur de ses familles, les mêmes ruines et les mêmes souffrances qu'il n'a pas hésité à infliger, qu'il s'est si souvent complu à infliger à nos cités et à nos familles, l'ennemi qui n'a pas su aimer son prochain comme lui-même, apprendra au moins à s'abstenir de faire subir aux populations d'un adversaire détesté ces inutiles et cruelles souffrances dont ses sujets auront eux-mêmes fait la douloureuse expérience.

II.

Le Gouvernement du Territoire envahi.

Tandis que nos troupes se retiraient, et qu'une grande partie de la population des territoires abandonnés les précédait ou les suivait dans leur marche douloureuse, l'ennemi, stupéfait des proportions inattendues de son succès, occupait les localités abandonnées. Ses troupes, exaltées par la victoire, parcouraient les rues en hurlant, et avançaient en dévastant le pays et en maltraitant ses habitants. Au début, les chefs s'efforcèrent de réfréner cette fureur et de la discipliner, plus soucieux d'en modifier les formes que d'en changer les effets, et ils se mirent à surveiller la conduite des troupes et à protéger l'existence des habitants terrorisés, contre la sauvagerie des envahisseurs aux premiers jours de l'occupation

Depuis trente mois ces populations subissaient avec sérénité la guerre et ses conséquences, dans la discipline des paroles et des actes, dans les souffrances de la vie, dans les angoisses, les périls et les ruines des incursions aériennes ; elles avaient été heureuses de souffrir pour la patrie, d'offrir leurs sacrifices en propitiation de sa victoire. D'autant plus cruel fut donc leur tourment lorsque, au lieu de la récompense qu'elles croyaient imminente, elles furent frappées par le malheur inattendu et immérité. Par milliers, les frioulans abandonnèrent à l'envahisseur, qui précipitait sa marche, tous leurs biens les plus chers, et cherchèrent asile dans d'autres provinces du royaume. Dans la confusion, de nombreuses familles furent divisées : parents ignorants du sort de leurs enfants en bas-âge, enfants désespérés de rechercher en vain leurs parents disparus : âmes que la joie de l'espérance avaient exaltées, et qu'aujourd'hui tourmentaient la douleur et le regret, et le désir nostalgique de leur petite patrie, des maisons abandonnées, des souvenirs de famille les plus chers et les plus sacrés. Ceux qui restaient, d'autant plus angoissés des malheurs de la patrie qu'ils en étaient de plus proches témoins, dans la rage impuissante d'opprimés contraints de subir la fanfaronnade provocante d'un ennemi ivre de haine, dans le chagrin de la soumission temporaire à un étranger que l'on croyait disparu pour toujours, imposaient le respect aux intrus par la dignité de leur fière douleur..

Pendant ce temps, l'envahisseur s'employait à donner aux territoires occupés une apparence d'ordre et de calme activité et pour présenter Udine, à demi déserte, que les trois souverains devaient visiter dans les premières semaines de novembre, comme une ville dans des conditions normales.

La ville d'Udine fut divisée militairement en deux districts délimités par la route qui, par la place Vittorio Emanuele et la rue Aquileia, va de la porte Gemona à Cividale. La partie occidentale fut abandonnée aux Autrichiens, la partie orientale aux Allemands, avec une délimitation très rigoureuse aussi pour les deux corps d'occupation. A chaque secteur fut préposé un général et le service de police fut confié à des patrouilles mixtes de soldats et de citoyens d'Udine.

Des sentinelles, postées au débouché de chaque rue, pourvoyaient au maintien de l'ordre et à la régularisation de la circulation ; les rares passants étaient souvent arrêtés et fouillés ; on avait donné aux citoyens l'ordre de tenir ouvertes les portes et les fenêtres des maisons, et, dans chaque centre habité, la population rassemblée avait été exhortée à la tranquillité et menacée des peines les plus graves si elle y manquait. Les théâtres furent rouverts, les tramways remis en activité, l'éclairage électrique rétabli, les cafés et restaurants rendus au public et leur direction confiée à des cantiniers de l'armée occupante ; on voulait imposer à la ville douloureuse un masque de sérénité.

Pour induire les neutres eux-mêmes à croire que les conditions normales de la vie avaient été rétablies et protégées dans les territoires envahis, on publiait et reproduisait dans les *Zeitbilder* de la *Vossische Zeitung* du 16 janvier 1918 et dans d'autres journaux, une photographie représentant le « premier marché d'Udine après le retour de la population italienne ». Au milieu de la foule des vendeurs et des acheteurs on remarque même un chasseur alpin italien en uniforme, aussi attentif à ses affaires que s'il se fût trouvé au milieu de ses camarades de régiment.

Le dimanche, à Udine, on fit jouer la musique militaire sur la place Vittorio Emanuele, sous la *Loggia*. Les banques ennemies rivalisèrent d'empressement pour ouvrir des agences et des succursales dans tout le territoire envahi ; et en particulier, on vit se multiplier les efforts de la Banque Rurale de Monsignor Faidutti, qui déploya de toutes manières son activité personnelle pour conquérir à l'Autriche la faveur des noyaux slovènes du Frioul.

Dans la cathédrale d'Udine, qui avait accueilli, pendant les premiers mois de la guerre, la foule de nos officiers et soldats, autour de la messe du soldat, aux échos, résonnant sous les nefs sacrées, des suaves harmonies de l'orgue et du chant, et aux accents vibrants de foi et de patriotisme d'un orateur sacré qui sent en poète, pense en philosophe, agit et exhorte à agir en loyal citoyen, l'envahisseur fêta Noël avec des officiants slovènes, au milieu d'une foule de militaires austro-hongrois, au son de leur musique militaire. « Un cantique allemand, s'éleva lentement jusqu'à Dieu dans l'air sacré ». Était-ce là, dans une église italienne, en terre italienne, seulement un souvenir presque séculaire des temps de servitude dont le chant du poète de Monsummano nous conserve l'écho ? Non, c'est la réalité brutale, c'est le sort actuel de la capitale du Frioul, un demi-siècle après la libération de la Vénétie !

Si douloureuses que fussent ces conséquences de l'occupation, elles étaient inévitables ; et si l'ennemi s'était borné à cela, il n'eût pas excedé le régime de guerre en territoire envahi. Mais bientôt, à toutes ces inévitables douleurs morales des populations des territoires occupés, vinrent s'ajouter d'autres douleurs morales et d'autres souffrances physiques. A côté des autorités ennemies, les pires instruments de la police ennemie s'installèrent en maîtres dans les villes occupées. Les autorités avaient publié un manifeste qui garantissait la vie et la propriété des habitants ; mais on s'empara des boutiques non occupées, et dans l'imprimerie de la *Patria del Friuli*, à Udine, s'établit Roberto de Fiori qui, dans la *Gazzetta del Veneto*, entama la propagande pour le septième emprunt de guerre autrichien. Les figures les plus abjectes de la police qui, durant les deux années de guerre, et avant la guerre, étaient venues tisser chez nous le réseau de leur espionnage et ourdir contre nous les plus viles machinations de la trahison, affluèrent à Udine et dans les autres localités occupées pour aider la police à tendre des pièges aux habitants restés chez eux.

On commença à obliger au travail les hommes valides, au profit de l'occupant ; beaucoup même furent contraints de travailler sur le front ; d'autres furent déportés à l'intérieur de l'Empire. A ceux qui restaient on imposa le couvre-feu à sept heures du soir, et l'on interdit de sortir de chez eux avant huit heures du matin. Tous les sujets italiens, résidant en territoire occupé, d'âge supérieur à douze ans, furent obligés de se munir d'une carte d'identité avec photographie et empreinte digitale ; et leur existence devint, à tous égards, de jour en jour plus dure.

Tandis que les réfugiés des terres envahies se dispersaient et se regroupaient en divers lieux des autres provinces d'Italie, y reconstituaient leurs administrations, et y prolongeaient symboliquement l'existence de leurs municipalités, les institutions de crédit s'employaient à y continuer, selon que les conditions nouvelles le permettaient, leur activité économique. Plus gravement frappées furent les institutions des .localités voisines de l'ancienne frontière, de Cividale, Tarcento, Gemona, Palmanova, San Giorgio di Nogaro. Ceux des autres communes occupées et des centres non envahis les plus voisins de la ligne d'occupation, purent mieux mettre en sécurité leurs valeurs et leur numéraire, bien que ressentant gravement les effets de la panique des populations ; tandis que les pertes subies par les institutions de crédit de la région envahie appauvrissaient autant les fugitifs que les habitants demeurés sur les lieux.

Pendant ce temps, tandis que, en terre d'Italie, on pourvoyait au logement et à la protection des réfugiés et qu'on assurait la continuité de la vie administrative et économique de leurs municipalités, l'envahisseur organisait l'administration du territoire occupé et la discipline de la population qui y était restée. Vers le milieu de décembre 1917, le chef de division du Ministère autrichien des affaires étrangères, Ippen, était promu au grade de ministre plénipotentiaire et chargé de l'administration des territoires italiens occupés.

***

La conduite humaine et toujours conforme au droit, observée par les Italiens dans les territoires où s'était étendue notre occupation, et la dignité d'attitude des populations italiennes dans les régions occupées par l'ennemi, ont été reconnues par des juges non suspects de partialité à notre égard, à savoir les ennemis mêmes qui en furent les témoins. L'*Edinost* du 16 novembre 1917, parlant de la conduite des Italiens pendant l'occupation de Gorizia, rappelait de quelle manière nos autorités y avaient imposé l'ordre le plus sévère, et procédé avec la plus grande énergie contre ceux qui n'y respectaient pas la propriété privée ; et l'*Arbeiter Zeitung* publiait le 8 décembre 1917 une correspondance du territoire occupé où l'on reconnaissait que « l'esprit conciliant des classes cultivées et aisées, aussi bien que de la partie la plus inculte et la plus pauvre de la population, n'y dégénère jamais en attitude servile ou privée de dignité ».

Ce que devint, après la toute première période de l'occupation, la conduite de l'ennemi dans les terres italiennes occupées par ses troupes, est établi par d'assez nombreux et assez irrécusables témoignages. Les cris désespérés des femmes que, le 10 novembre 1917, nos troupes de couverture avaient entendus en face de San Donà di Piave, ne laissaient point de doute sur les violences infligées par les envahisseurs à ces pauvres victimes. Et le 31 décembre, à peu de distance de San Donà, entre l'ancienne et la nouvelle Piave, arrivaient jusqu'à nous, des premières lignes ennemies, des marques si vulgairement cruelles des abus commis sur les femmes demeurées au-delà de cette ligne, que le Commandement du Corps d'Armée italien qui tenait ce secteur en fit l'objet d'un ordre du jour communiqué à ses troupes, pour l'exciter à la plus inflexible volonté de faire expier à l'ennemi le crime commis et l'offense qui l'avait signalé. Peu après, au début de janvier 1917, nous parvenait la nouvelle de la pendaison, survenue à Belluno, sur la piazza

Campitello, de cinq malheureux, coupables de n'avoir pas livré aux autorités tout le blé qu'ils possédaient et qu'elles avaient réclamé. Ainsi se continuait, avec une injustice d'autant plus grave, le système de terreur déjà suivi dans la première période de l'invasion, alors que, sur le soupçon d'avoir eu communication avec nos troupes, avaient été fusillés trois citoyens de Tolmezzo, dont plusieurs jours après l'exécution on put établir l'innocence. Tout cela était démontré par un carnet trouvé sur le corps d'un capitaine autrichien tombé à côté d'une femme du pays qu'il avait contrainte à l'accompagner pendant la marche, pour lui faire de son corps un bouclier contre nos troupes.

Mais le crime de cet officier tué qui avait abusé du corps d'une femme pour proteger le sien, n'était rien à côté de celui d'un officier hongrois qui, à Plezzo, quitta la table pour aller violenter une jeune femme, et revint achever son repas, en se vantant auprès de ses commensaux de la prouesse accomplie.

Il fut démontré aussi que, le 24 novembre 1917, quelques femmes, dans le voisinage de Capo Sile, au confluent du Sile et de la Piave, s'étaient enfuies terrorisées de leurs demeures, et s'étaient approchées de nos patrouilles pour implorer leur secours contre des soldats autrichiens qui avaient tenté de les violenter. On apprenait en même temps, que des faits analogues de violence à l'égard des femmes avaient été commis par les autrichiens dans le voisinage de Feltre et de Belluno. L'interrogatoire de six prisonniers capturés le 16 novembre 1917, près de Cortellazzo, et de quatre déserteurs qui s'étaient livrés la veille au nord de Cava Zuccherina, établissait l'identique souffrance des populations sous la brutalité des hongrois, dont deux, en état d'ivresse, avaient même tué à coups de bâton pres de Torre di Mosto un pauvre vieux qui avait tenté de s'opposer au vol de son unique vache. Dans le voisinage de la localité où siégeait le Commandement du 51° Corps d'Armée, une famille de paysans avait réussi à sauver trois vaches des tentatives de vol, en les cachant dans la maison et en préparant leur litière dans la cuisine. Vers le milieu de décembre 1917, un peloton de soldats pénétra de nuit dans cette maison, et en emmena deux des animaux sauvés à si grand' peine. Le 18, on entendit soudainement partir d'une maison de paysans, située dans le voisinage du même Commandement, des cris et des imprécations poussés par un vieillard contre des soldats qui s'éloignaient après avoir maltraité des enfants dans la maison qu'il habitait. Plus tard, un fugitif d'Udine, Ettore Brandolin, narra les douloureuses aventures survenues en ce même temps, dans la famille d'un commerçant d'Udine, nommé Padulli, dont la maison fut assaillie et envahie par la soldatesque, qui tua le père, deux filles et un bébé et blessa mortellement la mère. Sans s'inquiéter des victimes abattues et des survivants implorant la pitié, ces soldats se livrèrent au pillage de la maison, et mirent le feu au bureau de la victime ; le soir, un fourgon militaire emportait les cadavres, tandis que des voisins compatissants donnaient leurs soins à la blessée. Il est donc évident que l'exode des populations, qu'une correspondance du *Pester Lloyd* du 2 décembre 1917 définissait comme « la folle panique des Vénitiens », n'était point, comme l'affirmait ce journal, la conséquence d'une propagande de haine faite avec ténacité pendant trois années consécutives par nos journaux, mais bien plutôt l'effet d'une juste intuition et en même temps de la connaissance, pour incomplète et fragmentaire qu'elle ait été, que leur donnaient les méthodes autrichiennes de guerre, et ce qu'on savait déjà du traitement infligé aux prisonniers de guerre et aux populations des pays occupés.

***

La façon dont les Autrichiens se sont comportés récemment sur notre territoire n'a pas démenti ces prévisions, et a pleinement confirmé cette renommée. Cette conduite, qu'affirmaient les actes de la soldatesque, était encore attestée par l'action méthodique des autorités. Ces dernières, en janvier 1918, intensifièrent la chasse aux hommes valides, destinés à travailler, en partie sur le front, en partie à l'intérieur de l'Empire, et contraints à partir dès l'instant même où leur était notifiée leur destination, même alors qu'ils étaient l'unique soutien de leur famille, l'unique protection de leurs vieux parents ou d'enfants en bas âge, incapables de subvenir à leurs propres besoins. Deux Dames infirmières, même, qu'auraient dû protéger leur longue consécration à la charité et le respect de la Convention de Genève, furent éloignées, en dépit de leur âge avancé, de cette ville d'Udine qu'elles aimaient et où elles étaient demeurées pour rester fidèles à leur mission ; elles furent internées près de Gratz.

Les dépositions des fugitifs italiens et des déserteurs autrichiens confirmèrent plus tard le caractère illicite des travaux auxquels ces populations furent contraintes. Le 12 décembre 1917, un déserteur qui se présentait à nos lignes, à la tête de pont de Capo Sile, confirmait que, même dans la zône arrière, hors de portée des canons, les habitants étaient obligés de transporter les matériaux pour la réfection des routes et des ponts. Le 20 décembre l'interrogatoire d'un sous-lieutenant et de 29 hommes de troupe établissait que les espérances et les illusions des rares habitants demeurés dans la zône occupée étaient désormais détruites ; et que, après la dure expérience des razzias et des spoliations, faites sans aucun égard, elles s'étaient abandonnées au désespoir. On avait vu se produire, même, des cas de réaction qui, de la part d'habitants du territoire occupé par l'ennemi, ne pouvaient être que la manifestation d'un état d'âme désespéré. A San-Michele al Tagliamento, un habitant avait lancé une grenade à main sur un groupe de soldats, et avait été pendu. A Portogruaro, un autre avait lancé une bombe contre des soldats autrichiens du 20° régiment d'infanterie, en tuant deux et en blessant douze, et réussissant ensuite à se sauver. A Torre di Mosto, des coups de fusil étaient tirés contre un groupe de soldats, sans qu'on réussît à en découvrir les auteurs.

Il ne pouvait y avoir d'autre cause à une telle terreur et à une réaction aussi violente et inutile, que le désespoir de ces habitants ; et il nous a été donné d'en trouver la confirmation dans les déclarations des déserteurs ou prisonniers ennemis eux-mêmes. Les troupes hongroises avaient laissé désolées par le pillage toutes les localités où elles avaient passé : Cervignano, Latisana, Portogruaro avaient le plus cruellement subi leurs dévastations ; et un croate volontaire d'un an appartenant à ce groupe de prisonniers, assurait même avoir vu un groupe de soldats hongrois menacer un sacristain de sa baïonnette, pour l'obliger à leur procurer des femmes. A Portogruaro les mêmes prisonniers avaient vu une femme se défendre désespérément contre un caporal qui tentait de la violenter.

Les informations les plus récentes ne signalent aucune amélioration : les mauvais traitement infligés à toute la population rurale, dont les maisons et les familles relativement isolées rendent moins probable un acte de résistance, les violences aux femmes, le pillage des maisons, souvent découvertes ou démolies en partie pour en enlever les matériaux, ne se sont point ralentis ; les officiers, plus rapaces que les troupes, ont dépouillé les maisons, surtout du mobilier, des lampes, des tableaux et du linge.

Une information du 24 février 1918 rapportait que la succession des vols réduisait les habitants, auparavant aisés, à la plus extrême misère ; la dernière génisse, le dernier porc laissés à une pauvre famille, après des razzias successives, étaient emmenés par des soldats qui ne trouvaient plus rien à voler ; et à toutes les protestations, on ne donnait qu'une seule réponse : la menace de l'internement.

D'un paquet de lettres séquestrées à des prisonniers autrichiens capturés le 18 et le 19 novembre 1917 dans la région de Monfenera, nous extrayons ce passage d'une lettre du 15 novembre où l'auteur remarquait avec satisfaction : « Jusqu'ici cette population n'a pas encore connu les privations, mais les temps vont changer ». Et, vivant au milieu des populations réduites à ces extrémités par les exactions de l'ennemi, le même correspondant confessait avec la même satisfaction que lui et ses camarades « vivaient comme des papes ». Et il s'attardait à décrire à sa famille lointaine une meule de fromage grande comme une roue de charrette qu'il avait sous les yeux tandis qu'il écrivait. « Si je pouvais envoyer à la famille un peu de ce bien du bon Dieu », soupirait cet affectueux voleur ! Mais pour beaucoup de ces dignes compagnons, ce désir même ne restait point sans satisfaction, et le journal d'autres prisonniers, communiqué le 11 décembre, établissait l'envoi de colis de chocolat, de savon, de lard, de café et de linge, adressés à leurs familles par des militaires appartenant aux troupes occupantes, dès qu'ils furent certains que l'expédition des colis serait autorisée sans distinction entre les marchandises achetées et les marchandises volées.

Le service de transport de ces colis devait même s'effectuer avec une régularité expéditive, car une lettre trouvée le 11 décembre 1917 sur un prisonnier et écrite par sa famille le 25 novembre, renfermait cette phrase : « Nous avons reçu tes colis ; toutes ces choses pourront servir ; qui sait quelle épicerie tu auras prise d'assaut ! » Et sa femme, à la fois reconnaissante et prévoyante, terminait en ajoutant aux remercîments une description suggestive des difficultés rencontrées dans sa recherche d'un manteau dans les magasins de sa ville, et concluait : « N'y a-t-il plus d'étoffes en Italie? trouve-nous quelque chose de beau ! »

A Bellune, également, une division allemande (la 11° division des *Preussischer Jaeger*) s'est rendue odieuse aux Autrichiens eux-mêmes par les actes de vandalisme qu'elle commit. Le journal d'un prisonnier autrichien du 7° régiment d'infanterie, 1er bataillon, contient des reproches analogues à l'adresse des pillages commis par des soldats bosniaques. Et dans une lettre du 16 novembre 1917 séquestrée à un prisonnier allemand le 19 novembre, on pouvait lire : « Chère mère, ici en Italie, on sent vraiment dans la montagne ce que c'est que la guerre.... et tu peux imaginer par là comme on pille aussitôt arrivés dans une ville ou dans un village. Ici, il est possible de prendre en abondance, beaucoup plus qu'en Russie, et non seulement des vivres, mais toutes sortes de choses. S'il était permis de faire des expéditions, je pourrais te procurer des chaussures à volonté, et du linge, et d'autres choses ».

La même conduite est confirmée, avec d'abondants détails, par un carnet de notes du 23 novembre 1917, où l'on parle de ce pillage de Bellune, aggravé par les excès commis par les envahisseurs contre la population, et spécialement contre les femmes ; les magasins de mercerie et de comestibles furent forcés et vidés de tout ce qu'ils contenaient, et ces troupes y apportèrent une telle fureur de rapine que, dans une pharmacie, dix soldats moururent pour avoir absorbé un liquide nocif pris par erreur pour une boisson alcoolique.

***

Le 21 décembre 1917, une interpellation était présentée à la Chambre autrichienne, au sujet de l'utilisation du copieux butin de guerre fait dans la Vénétie. L'interpellateur se plaignait que, sur le territoire occupé, se fût abattue une nuée de trafiquants, spécialement hongrois, qui achetaient le butin en gros et à bas prix et, au moyen de charrettes et d'automobiles mises à leur disposition par l'autorité militaire, le transportaient dans l'intérieur du pays. Il déplorait que l'on tolérât, que l'on encourageât ces abus. C'est ainsi qu'on dépouillait les populations italiennes, sans apporter un soulagement aux populations austro-hongroises affamées, mais avec un seul résultat, utile à qui le méritait le moins, celui de satisfaire le lucre de quelques spéculateurs avides.

Mais, si du point de vue d'un député autrichien, il était naturel qu'on protestât contre le système d'utilisation et de distribution du butin, on peut élever bien d'autres protestations du point de vue de la justice et de l'humanité et des règles elles-mêmes du droit positif que notre ennemi s'était librement obligé à respecter en cas de guerre, contre les procédés employés pour faire ce butin, et la définition même du butin acceptée et appliquée par l'ennemi.

Il est nécessaire de rappeler à la mémoire du lecteur l'article 23 *g* du Règlement de la Haye qui interdit de détruire ou de confisquer, sauf obligation absolue résultant des nécessités de la guerre, la propriété privée de l'ennemi ; l'article 28 qui interdit, en territoire occupé, la confiscation de la propriété privée, et l'article 47 qui renouvelle pour les territoires occupés la prohibition du pillage.[1] En conformité avec ces clauses, on eût pu déclarer butin de guerre les armes et munitions trouvées partout, et tout ce que l'on eût pu découvrir de matériel non directement consacré à la guerre dans les magasins et dépôts militaires du territoire envahi, et tous les fonds appartenant sûrement à l'Etat.[2] Tout ce qui, même appartenant à l'Etat, serait destiné à la religion, à l'instruction, à l'art ou à la charité, aurait dû être respecté d'une façon absolue ; et les réquisitions d'objets de propriété privée auraient dû non seulement être limitées aux besoins de l'armée occupante, mais proportionnées aux ressources du pays et accompagnées de paiements

---

[1] Art. 23 *g*. It is forbidden.... to destroy or seize the enemy's property, unless such destruction or seizure be imperatively demanded by the necessity of war.

Art. 28. The pillage of a town or place even when taken by assault, is prohibited.

Art. 47. Pillage is formally forbidden.

[2] Art. 53. An army of occupation can only take possession of cash, funds, and realizable securities which are strictly the property of the State, depots of arms, means of transport, stores and supplies, and generally all movable property belonging to the State which may be used for military operations.

au comptant, ou d'un reçu régulier signé du commandant supérieur local des troupes occupantes.[1]

Toutes ces règles ont été violées par nos ennemis. Ils ont traité comme butin de guerre ce qui ne répondait nullement à sa définition, mais était propriété privée ou publique, inviolable même aux belligérants. Ils ont violé, dans les proportions, dans les procédés et dans les garanties, les règles relatives aux réquisitions. Et souvent ces mêmes autorités ennemies, auxquelles incombaient la tâche de prévenir et de réprimer les pillages des troupes, se livraient ouvertement, sous les apparences de la réquisition, aux excès du pillage le plus brutal.

*
* *

Une fois terminée l'organisation de l'administration autrichienne à Udine, considérée comme le chef-lieu de la zône occupée, et répartie l'administration des territoires envahis entre les divers commandements alliés, ces autorités auraient dû pourvoir, non-seulement à la sûreté des troupes et à la discipline des populations, mais encore à la protection de ces dernières. Au contraire, le premier soin de ces autorités, après les assurances formelles prodiguées d'abord aux habitants, pour tempérer de douces promesses l'amertume des violences subies ou annoncées, fut d'organiser, sous la direction de l'ex-commissaire impérial des approvisionnements, la réquisition des denrées alimentaires, des produits industriels, du cuivre et des autres métaux, à la suite d'une série de visites do-

---

[1] Art. 52. Requisitions shall be in proportion to the resources of the country.... and demanded only on the authority of the comander of the locality occupied. Contributions in kind shall, as far as possible, be paid for in cash ; if not, a receipt shall be given.

miciliaires et de perquisitions qui, commencées à Udine, s'étendirent aux communes voisines et éloignées comme aux campagnes environnantes. On donnait ainsi l'apparence des formes légales caractéristiques de la réquisition à l'organisation systématique du pillage. Le journal d'un officier ennemi appartenant à la 5° division nous apprend à la date du 6 novembre 1917, que l'auteur, nommé officier du Contentieux intérimaire (*Interinistischer Gerichts-Offizier*) près la Kommandatur d'Udine, pénétra partout, dans les habitations et dans les boutiques, et passa sa journée à faire des rafles (*Beutzüge*). Il déclare, dans ces notes, qu'il a fait expédier dans son pays, par le moyen du commandement de l'étape, trois caisses pleines de vêtements militaires et bourgeois. Avec d'autres étoffes également *acquises*, non à nos dépôts militaires abandonnés, mais dans les magasins privés, il s'était fait confectionner un manteau, un dolman, et plusieurs paires de pantalons. A la fin de cette énumération, le consciencieux chroniqueur, revenant aux caisses expédiées chez lui, terminait par cette conclusion d'une conscience tranquille : « Espérons que je les retrouverai un jour chez moi ».

Deux automobilistes italiens, capturés respectivement le 28 et le 30 octobre 1917 et qui s'échappèrent de leur prison le 19 décembre, racontèrent que le 30 octobre, les soldats ennemis entrant à Udine, pénétraient par petits pelotons de maison en maison, de boutique en boutique, en quête de butin, et que les officiers eux-mêmes participaient sans retenue et sans honte au pillage. Les portes des maisons habitées furent forcées et abattues et les habitants contraints d'assister à l'enlèvement de leurs biens les plus précieux. L'argent, les métaux, le linge, étaient les proies les plus âprement convoitées, et bientôt il ne resta plus une seule famille qui n'eût été volée. Dans les *Un terkaertner Nachrichten* du 16 janvier 1918, on lit le récit d'un officier qui décrit l'occupation de Tolmezzo et l'état de la ville pendant les premières heures du régime autrichien. Arrivé dans la ville, cet officier s'était rendu, pour se reposer pendant sa journée de liberté, auprès d'une des rares familles demeurées chez elles. Immédiatement après son arrivée dans cette maison, s'y présenta un officier préposé aux réquisitions qui, à la grande douleur des propriétaires, emmena le porc, laissant un bon de réquisition. A peine ces propriétaires avaient-ils retrouvé un peu de calme, qu'il arriva un second réquisiteur qui voulut visiter les caves. Pendant toute la journée, lorsque quelqu'un se présentait à la porte de cette maison qui devait, par ordre des autorités militaires, rester ouverte, cette famille tremblait, pressentant quelque nouvelle réquisition, quelque nouvelle spoliation. Ainsi, l'action des troupes au moment de l'invasion, et l'action des autorités après l'établissement du régime d'occupation, si elles différaient en apparence, étaient matériellement identiques par les fins auxquelles elles visaient et le résultat qu'elles obtenaient : la spoliation des habitants opérée sans honte et sans frein.

Les proclamations des commandants de secteur, qui assuraient en apparence la protection des personnes et des biens, furent faites au début de décembre 1917, alors que le pillage effectué par les troupes avait déjà sévi sans répression, et que, de la part des autorités, s'en était déjà organisée la continuation, sous le masque de la réquisition, avec cette seule différence qu'elle s'opérait avec moins de violences et de douleurs infligées aux personnes, et une proportion plus grande de choses emportées sur les choses détruites. Mais nombre de localités avaient déjà subi durant cette première période des dommages irréparables. Les deux soldats échappés à leur prison le 19 décembre racontèrent que Conegliano présentait au milieu de novembre le spectacle le plus douloureux : maisons incendiées, magasins dévalisés, rues encombrées de mobilier et d'ustensiles qu'on y avait jetés sans égards des maisons dévastées. Et souvent, tandis que les soldats couraient d'une habitation à l'autre, répandant la terreur parmi les familles des paysans et laissant partout les traces de leurs rapines, ces mêmes autorités, qui prétendaient substituer l'ordre au désordre et la protection de la propriété privée au vol, remettaient, pendant leur deux premiers mois de l'occupation, en échange des bestiaux et des vivres réquisitionnés, des bons rédigés irrégulièrement, munis de signatures indéchiffrables, lorsqu'on n'y écrivait point, comme il est arrivé maintes fois : « Salut et baisers », ou bien : « Faites-vous payer par Cadorna », et d'autres phrases cyniques et sacrilèges. Et ces bons, présentés ensuite aux bureaux de l'administration par les paysans qui les avaient reçus, étaient refusés par les officiers avec des injures et des railleries.

Il résulte d'informations parvenues à nos autorités le 15 décembre 1917, constituées en partie par des carnets d'officiers austro-hongrois, que la 94e division autrichienne réquisitionna, dans le secteur de Tolmezzo, des étoffes dont la réquisition ne pouvait se justifier par des raisons de service public, puisque chaque officier en avait expédié à sa famille au moyens d'auto-ambulances. En outre, un de ces officiers avait envoyé de là à sa famille plus de cent kilos de café qui représentaient, au prix alors courant

en Autriche, une valeur de plus de cinq mille couronnes.
Le capitaine Pflanzer s'était approprié en diverses localités, et surtout au château situé près de Castellavazzo, de nombreuses peintures ; et la bicyclette employée par la 7e compagnie du 3° bataillon de sapeurs avait été volée, par le capitaine de cette compagnie, à un bourgeois des territoires occupés.

En janvier 1918, les rabatteurs autrichiens commençaient à se plaindre de la fréquente inutilité de leurs recherches dans les territoires envahis, où tout avait été razzié. Des trains complets, chargés de coton et de cuivre, avaient été expédiés à Primolano, et par la ligne Conegliano-Udine, vers l'intérieur de l'Empire. Même les hameaux le plus retirés du Cadore avaient été vidés de toutes leurs réserves de farine, de maïs et de châtaignes, par des « compagnies de haute-montagne » qui, de Bellune, se répandaient par tout le Cadore pour y rechercher, jusque dans les habitations les plus éloignées, les vivres et le métal. Chaque compagnie formait des patrouilles de réquisition à chacune desquelles était attaché un soldat parlant correctement l'italien et chargé de réquisitionner métaux, bœufs, porcs, chevaux, ânes, fromages, vin, maïs, châtaignes, huile, savon, toiles, chaussures et tout ce qu'on pourrait trouver d'utilisable dans les maisons visitées. Une de ces feuilles d'autorisation à réquisitionner fut trouvée sur un prisonnier autrichien capturé sur notre front et a été reproduite dans la presse italienne. Elle porte la date du 11 décembre 1917, la signature du capitaine Kratzer et le timbre du 4° bataillon du 80° régiment d'infanterie. On y indique la zône dans laquelle le porteur du permis était autorisé à requisitionner par le commandant de la 3° brigade de montagne ; et la liste des objets susceptibles de réquisition comprend les objets suivants : poêles et tuyaux de poêle, marmites, seaux, tonneaux jusqu'à la capacité de quarante litres, tubes à eau, pompes, bois, vêtements, savons, chandelles, allumettes, lampes de poche, huile, vaseline, corps gras, légumes et fruits de conserve, machines à coudre, outils de tailleur et de cordonnier, papier de toutes qualités, corde, fil, lanternes, pétrole, benzine, matelas, débris de fer, chaînes, clous grands et petits, ustensiles et instruments de boucher.

Après une recherche guidée par de telles instructions, c'était beaucoup s'il restait en suffisance à la population.... de l'air à respirer.

*
* *

Les conditions de ce traitement ne s'améliorèrent point après que les autorités communales eurent été reconnues, ou reconstituées. L'autorité de ces représentants, en effet, est nulle à côté de celle de l'officier le plus élevé en grade en résidence dans la même localité. Ainsi à Udine, tandis que le pillage avait sévi immédiatement après l'occupation, en sorte que l'on peut dire qu'il n'y resta pas une seule maison qui n'eût été dépouillée de ses meubles et de ses provisions, la spoliation y fut poursuivie ensuite avec méthode et avec une apparence de légalité, mais avec une vraie méconnaissance de toute règle de droit et de tout scrupule d'humanité. On pourvut méthodiquement à la visite des habitations, au moyen de patrouilles chargées d'y réquisitionner les neuf dixièmes des denrées alimentaires, les objets de vestiaire, les meubles, la volaille, le bétail, les voitures, considérés superflus aux besoins des familles. On imposa aux habitants de mettre leurs biens à la disposition de ces patrouilles et de les seconder docilement dans leurs opérations, sous peine d'être internés dans d'autres régions du territoire occupé ou dans l'intérieur de l'Empire. C'est avec cette rigueur de principes et d'application qu'on procéda dans toutes les autres localités occupées du Frioul, du Cadore, et de la région de Bellune, où une foule de rabatteurs et de spéculateurs, emportant et achetant tout ce qui avait été épargné par le pillage ou la réquisition, aggravaient par leur avidité la misère du territoire occupé, sans atténuer la disette du pays où l'on envoyait les denrées. Ces excès finirent par provoquer l'intervention de la police et de la gendarmerie, qui mirent fin à ces derniers, mais non aux premiers effets, de la conduite de l'ennemi.

A Bellune, à Valdobbiadene et à Feltre, la spoliation continua, sous l'apparence de la légalité, pour toutes les denrées alimentaires et pour tous les vêtements et articles de lingerie, y compris ceux de femme, sans qu'y cessassent le moins du monde les actes de vandalisme, comme le défoncement de tonneaux pleins de vin, la préparation de litières de quadrupèdes avec du foin au lieu de paille, l'alimentation des chevaux au moyens de maïs, et l'abandon des ustensiles de ménage, spécialement des maisons aristocratiques, au milieu de la rue.

La population de la Conque de Feltre, fut vite réduite à la plus extrême misère. Le 15 novembre 1917 le capitaine Masini, ex-commandant du bataillon de Bellune (7° régiment alpin) et le lieutenant Cadorin, son adjudant-major, ne trouvèrent plus dans la région qu'ils traversèrent en s'enfuyant de leur prison, qu'une maigre provision de châtaignes. Et trois fugitifs d'Alano, sauvés par une de nos patrouilles le 29 novembre 1917, et interrogés au Commandement de la IV° Armée, attestèrent que leurs maisons avaient été complètement dépouillées ; que les meubles non volés y avaient été endommagés ; que tous les vivres et le linge en avaient été enlevés, et ils ajoutèrent que le même sort avait frappé toutes les maisons du pays.

Partout les Hongrois dépassèrent les Autrichiens dans leur avidité pour les produits des régions envahies. A côté de la section économique et administrative, le Commandement en chef de l'armée hongroise décidait, en décembre 1917, d'envoyer une délégation spéciale chargée, une fois inventoriés les vivres rassemblés, et les besoins de l'armée combattante satisfaits, de procéder à la répartition proportionnelle entre les deux Etats de la Monarchie, et entre eux et les Etats alliés, de tout l'excédent du butin. A cette fin, le 24 décembre, était convoquée au Ministère des affaires étrangères, à Vienne, une conférence de délégués austro-hongrois et allemands pour la conclusion d'un accord concernant la répartition des marchandises et des matières premières trouvées dans les régions occupées de la Vénétie. La répartition devait s'opérer pour chacun des articles, selon les nécessités respectives des deux pays. Les Empires centraux procédaient ainsi avec un sentiment d'équité et de proportion dans leurs rapports réciproques, mais usaient d'un euphémisme inexact lorsqu'ils parlaient *des marchandises et matières premières trouvées dans les régions occupées de la Vénétie*. Ces marchandises avaient été *trouvées* parce que *cherchées*, d'abord par l'avidité impulsive des soldats isolés, ensuite par les perquisitions organisées des autorités. Le pillage ayant été d'abord effectué, l'expropriation ne pouvait plus ensuite être définie réquisition. La réquisition doit être en effet proportionnée aux ressources du pays et dans les limites requises par les besoins de l'armée

occupante. Au contraire, la population du territoire envahi était privée du nécessaire, et une notable partie
des marchandises réquisitionnées était expédiée à l'intérieur, pour y être distribuée et vendue aux populations
de l'Empire. Il s'agissait donc d'une spoliation qui ne
violait pas moins les lois de la guerre que le pillage et qui,
organisée par les autorités de l'Etat occupant, impliquait
de sa part une responsabilité beaucoup plus grave.

*
* *

Les journaux autrichiens ont publié, vers le milieu de
décembre 1917, les sévères instructions adressées aux
troupes pour assurer, dans les territoires italiens occupés,
le respect des monuments. Et déjà, dès la fin du mois
précédent, le docteur Anton Zell, professeur à l'Université de Graz, directeur des archives de cette province et
incorporé à l'armée austro-hongroise, avec le grade de
lieutenant, était nommé conservateur des œuvres d'art
et des antiquités dans la région occupée. Pour pourvoir
à la classification des ouvrages artistiques et à leur conservation, on nommait une commission qui, composée
sur les indications du professeur Dvorak, chargé de conférences à l'Université, était complétée par quelques
membres envoyés par la Hongrie. Le territoire occupé
était divisé en districts, respectivement assignés à un
inspecteur, chargé de surveiller, de visiter, d'inventorier
et de reproduire par la photographie tous les trésors
artistiques. Et, dans une communication émanée de la
Direction autrichienne des Beaux-Arts, on affirmait que
le professeur Dvorak et ses collaborateurs étaient chargés
de la protection des richesses artistiques du territoire
d'occupation.

La *Gazzetta del Veneto*, dans son troisième numéro (page 2, colonne 4) insistait sur cette affirmation dans un article intitulé *Pour la protection des monuments artistiques en Italie*, et s'exprimait en ces termes : « Il est bon de rappeler que le Commandement de l'Armée est conscient de la responsabilité qui lui incombe aux yeux du monde civilisé. De très sévères instructions ont déjà été données aux chefs de toutes les troupes qui opèrent dans les territoires occupés, pour éviter tout dommage inutile aux objets d'art. On a aussi pensé à nommer et à envoyer dans les pays occupés des spécialistes qui prendront sous leur surveillance toutes les œuvres d'art. Il leur appartient de proposer les mesures nécessaires pour obtenir du Commandement en chef d'autres dispositions à cet égard ». Et plus tard, sous la date : Genève, 24 novembre 1917, et le titre *L'Impératrice Zita protègera Venise*, le même journal publiait que « répondant à la dépêche de l'Union des Journalistes qui lui recommandait la ville de Venise, l'Impératrice avait fait répondre par le chargé d'affaires austro-hongrois à Berne, qu'une ville ouverte qui ne se défend pas a le droit d'être épargnée ».

Mais de même que cette déclaration insidieuse qu'on prêtait à l'Impératrice ne correspondait aucunement au titre sous lequel la *Gazzetta del Veneto* la reproduisait, ainsi à l'intention de protection formellement assignée aux conservateurs des monuments et des œuvres d'art ne correspondit pas la tutelle effective des uns et des autres ; il y correspondit trop souvent, au contraire, la plus honteuse des spoliations. La conservation des monuments et des œuvres d'art qui répond aux exigences du droit de guerre en vigueur n'est pas seulement leur conservation matérielle, à savoir que ni les uns ni les autres ne soient endommagés ou détruits ; elle est aussi un respect égal à celui que l'on doit à la propriété privée ; elle est l'intangible, pour autant que les nécessités mêmes de leur protection n'exigent point d'autres mesures. Cette règle a été considérée si absolument contraignante que nos ennemis, avec les autres signataires de la Convention de la Haye, s'étaient engagés à l'observer, dans les termes les plus clairs, en 1899 et en 1907. L'article 56 du Règlement annexé à la Convention relative aux lois et usages de la guerre établissait en effet que « toute appropriation, destruction, tout dommage volontaire causé à des institutions de ce genre, à des monuments historiques, ouvrages d'art ou scientifiques, est interdit et devrait, s'il est commis, faire l'objet de poursuites légales ». Cette clause exclut donc jusqu'à l'hypothèse que ces violations puissent être commises par la volonté de l'un des gouvernements des Etats firmataires, et implique de la part de ces derniers la reconnaissance de l'obligation de les réprimer si elles sont commises par des personnes appartenant à leurs armées, ou par tout autre résident dans le territoire occupé.

Au contraire, la conduite de nos ennemis ayant manqué, au cours des hostilités, au respect dû aux monuments historiques, aux églises et aux ouvrages d'art, elle y manqua aussi, malgré leur déclarations ampoulées, au cours de l'occupation, *conservant* nombre de ces trésors à la façon de celui qui *conserve* par devers soi ce qu'il a pu soustraire à la possession du volé. Les étoffes, les métaux antiques, les vases et nappes d'autel enlevés à nos églises ne pouvaient se dire *conservés* au sens des obligations assumées par les firmataires de la Convention de la Haye, du fait seulement que l'ennemi ne les a pas détruits, et les a mis à l'abri dans une église ou un musée de son propre territoire. L'enlèvement des cloches de nombreuses églises pour en fondre le métal en vue de la guerre ne répond certes pas à la notion de conservation, même au sens le plus matériel et le plus arbitraire.

Infiniment éloquent, à cet égard, est le contraste entre notre conduite et celle de nos ennemis ; mentionnons pour exemple la statue de Maximilien respectée par nous pendant tout le cours de notre occupation, sur la place de Cormons, et retrouvée intacte par les Autrichiens sur son piédestal après notre retraite.

La plus efficace protection de tous les objets d'intérêt artistique ou historique susceptibles d'être emportés par l'ennemi de notre territoire occupé n'a nullement été, d'ailleurs, le respect qui leur a été témoigné, mais tout au contraire, comme le rappelait M. Ugo Ojetti dans une lettre à la *Tribuna* du 12 février 1918, la prévoyance de notre Gouvernement et de notre Commandement en chef qui avaient songé à temps à mettre à l'abri une grande part de tout ce qui avait quelque valeur pour l'art ou l'histoire, sans négliger tout le matériel bibliographique jugé irremplaçable. Mais hélas ! il fallut laisser entre les mains de l'ennemi trop d'œuvres à détruire, à détériorer ou à profaner, et trop d'objets transportables auxquels il n'hésita pas à appliquer son principe de *Conservation par devers soi*. Une large extension fut donnée à l'application de ce nouveau système de conservation, et nous n'en voulons pour preuve que l'exposition d'objets d'art enlevés à l'Italie qui fut inaugurée à la fin de décembre 1917 à l'Académie des Beaux-Arts de Berlin, et dont les journaux hollandais nous apportèrent la première nouvelle.

*
* *

C'est donc une spoliation sans limite qui s'est abattue sur les territoires envahis et sur leurs malheureuses populations : spéculation violente et désordonnée aux premiers jours, spéculation systématique et plus sûrement victorieuse des ruses et des défenses des victimes, dans la période qui suivit. La misère des populations s'aggrava sous un tel régime avec une effrayante rapidité ; les ressources des familles disparurent ; la confiscation des matières premières tarit les ressources du travail et, comme le montrait une note qui nous parvint le 24 février 1918, « après de longs mois pendant lesquels l'ennemi n'avait fait que réquisitionner et encore réquisitionner, emportant tout avec méthode, fouillant les moindres coins, allant de boutique en boutique, de maison en maison, recueillant chaque morceau de fer, prenant note de toute possible ressource, sans tenir compte des demandes et sans admettre aucune discussion, sans écouter les plaintes et sans s'émouvoir des pleurs des femmes, enlevant aux établissements industriels tout le matériel et toutes les machines, les populations se trouvèrent dans des conditions tragiques, privées de tout et sûres de rien ».

Puisque les habitants des territoires occupés souffrent de telles misères, il est bon qu'elles soient largement connues parmi nous, et que la pitié pour nos frères qui souffrent et la juste colère contre ceux qui les font souffrir rendent d'autant plus tenace notre volonté de persévérer dans la lutte, sans hésitation devant les sacrifices permettant de réduire la force de l'ennemi, et nous incitent à vouloir fermement la revanche et à marcher énergiquement vers le succès qui, après avoir libéré nos populations si durement éprouvées par l'occupation ennemie, nous permettra de les libérer de la tyrannie de l'étranger. C'est par affection pour ces frères séparés de la Patrie commune que nous nous sommes engagés dans cette âpre lutte ; c'est par affection pour eux qu'il nous y faut persévérer, confiants dans la valeur indomptable qui finit toujours par triompher, même de l'inconstance de la fortune.

Aux jours les plus tristes d'octobre 1917, la condition où nous nous trouvions eût pu être considérée excellente, comparée à celle de la Russie d'Alexandre Ier lorsque Napoléon, avec tout l'éclat d'une fortune qui ne l'avait pas encore abandonné, s'avançait, brisant toute résistance, jusqu'à Moscou ; ou encore à la condition de la Prusse de Frédéric II en novembre 1757 alors que les Russes en dévastaient les marches orientales, que les Autrichiens en avaient reconquis la Silésie, que les Français en menaçaient les provinces occidentales, et que sa capitale avait été prise et saccagée par les troupes de Marie Thérèse. Et pourtant, six ans après cette série de défaites qui paraissaient irréparables, Frédéric II avait reconquis tous les territoires perdus, rétabli son autorité sur les provinces jadis enlevées à l'Autriche et que celle-ci avait réussi, dans la phase antécédente de la campagne, à récupérer, et après avoir signé le traité de Hubertsburg, rentrait victorieux dans sa capitale. Et Alexandre 1er de Russie, six ans après avoir subi la défaite de Friedland, et deux ans après avoir vu la capitale nationale et religieuse de la Russie occupée par l'armée de Napoléon, entrait vainqueur dans la capitale de la France, et y décidait avec ses alliés du sort d'un Empereur et d'un Empire qui avaient dominé toute l'Europe et semblaient invincibles. La foi et la constance avaient prévalu, dans ces deux cas, sur le succès et la présomption de l'ennemi, sur le désespoir d'un peuple qui pendant une brève période les avait vus prévaloir, et sur l'inimitié momentanée de la fortune.

Mais dans ces deux cas aussi, ce qui a contribué surtout a tenir vive une si belle flamme de foi et à tremper l'acier d'une si ferme constance, c'est l'indignation ressentie pour les souffrances infligées aux frères qui avaient dû subir l'invasion ennemie, et la claire prévision des souffrances bien plus cruelles qui leur étaient réservées si la domination ennemie devenait définitive.

**

Tout autant que les douleurs infligées à nos frères des régions envahies de l'Italie, la recrudescence des mauvais traitements subis par les Italiens sujets de l'Autriche et la menace des souffrances plus dures et plus cruelles encore qui les affligeraient si la guerre ne réussissait pas à les affranchir, doivent aussi exalter la flamme de notre indignation et de notre foi.

Du Trentin nous parviennent déjà les nouvelles des cruels traitements infligés à ses populations. Le ministre autrichien de l'Intérieur lui-même a dû admettre, et cette admission a été relevée récemment par le député du Trentin Conci devant la Chambre autrichienne, que la peine de la bastonnade est encore aujourd'hui appliquée dans le district de Mezzolombardo. Le même député dénonçait le régime de la terreur, des dénonciations et des persécutions les plus violentes inauguré à Trente par le nouveau chef de la police, qui organise et excite les bandes des persécuteurs et qui se propose de déférer le patrimoine de la Ligue Nationale et d'autres associations à elle affiliées, à une nouvelle Ligue fondée par lui dans le but de combattre l'italianité. Si nombreux étaient les abus de ce bandit que le député Conci pouvait dénoncer à la Chambre autrichienne « cet homme qui terrorise une ville entière, qui cherche à s'insinuer dans le sanctuaire des familles pour les profaner et qui foule aux pieds et tourne en dérision les sentiments les plus sacrés du peuple trentin ».

Mais la persécution n'épargna aucune des terres irrédentes. Non-seulement les biens des émigrés, condamnés par contumace par les tribunaux autrichiens, furent confisqués, mais à Grado, à Cervignano, à Gradisca et à Sagrado, on vit des maisons que le canon avait épargnées livrées d'abord au pillage, puis aux flammes, avec une étrange cérémonie, qui commençait comme s'il se fût agi de l'exécution d'une sentence, ou de l'accomplissement d'un sacrifice expiatoire, par la lecture faite en présence d'un peloton de troupes et d'un groupe de citoyens rassemblés par force, d'une sentence contenant les plus atroces injures contre le propriétaire condamné. Le nombre des condamnés augmenta peu à peu, à mesure que s'étendirent les délations encouragées par les autorités et que se multiplièrent les enquêtes, confiées à une commission spéciale, concernant l'attitude de ces populations pendant la durée de l'administration italienne.

Contre ces populations que, selon la formule officiellement préférée, les Autrichiens affirmaient avoir *libérées*, l'Autriche s'acharna, les abandonnant non moins que celles des territoires italiens envahis, aux pillages, aux vols et à toute manière de violence, les laissant entièrement dénuées de moyens de subsistance. Sur elles, comme sur les habitants de nos provinces envahies, se déchaînèrent les embûches des espions ; on abusa du système des otages, à leur égard aussi, comme le démontre un mani-

feste du général Georgi, apposé vers la fin de décembre
1917 dans le district de Cles, où l'on lisait : « Par ordre du
Commandant en chef de l'Armée, j'ai fait choisir des otages, dans les pays de la zône défensive et les ai fait tra-
duire devant moi pour leur faire savoir ce qui suit : vous
garantissez dans vos personnes qu'aucun habitant de
votre Commune ne se comportera d'une manière hostile
quelconque contre nos troupes, ou contre les ouvrages
fortifiés, fils télégraphiques ou téléphoniques, voies ferrées, etc., et que nul ne prêtera aide à l'ennemi. Si cela
arrivait, par la faute de qui que ce soit, les otages seraient
pendus aux termes de la loi martiale deux heures après
la condamnation, et le pays serait livré aux flammes ».

Et le même manifeste encourageait toutes les vengeances et toutes les représailles privées, en exhortant
les habitants fidèles à l'empereur à « faire connaître les
noms des personnes que l'on soupçonne de pouvoir commettre une action déprédatrice ; ces personnes seront
immédiatement arrêtées ».

Mais de plus graves persécutions menacent les Italiens et sont invoquées par leurs ennemis pour étouffer
après la guerre toute aspiration irrédentiste. L'*Allgemeiner Tyroler Anzeiger* confessait ces intentions dans des
articles publiés du 24 au 27 décembre 1917, et concluait
en déclarant que « le ver venimeux de l'irrédentisme doit
être écrasé pour qu'il ne puisse plus nuire ». A cette fin,
le *Risveglio Austriaco* du 21 décembre applaudissait à la
proposition de rattacher à l'Autriche les paysans trentins
de nationalité italienne, en créant dans le pays une classe
agricole indépendante et austrophile, par la répartition

entre les cultivateurs des terres appartenant à des propriétaires italiens irrédentistes. « Il faudra refuser à ces derniers toute amnistie et toute commutation de peine, interdire le retour des émigrés et donner leurs terres aux paysans. Ainsi, on éliminera cette classe intellectuelle tourmentée du démon de la politique, qui demain reprendrait son œuvre séductrice et antisociale ».

Dans la même intention, à la séance du 13 décembre 1917 de la Délégation autrichienne, le délégué Waldner demandait l'interdiction, à maintenir après le retour de la paix, pour les maisons italiennes régnicoles de s'établir dans les zônes frontalières, la limitation de la durée du séjour des italiens, régnicoles ou non, dans la même zône, et l'incapacité pour elles d'y acquérir ou d'y conserver des propriétés foncières. C'est ainsi qu'on tendait à éliminer graduellement du Trentin l'élément italien, surtout celui qui constituait la classe dirigeante, et à pourvoir à son remplacement par des éléments allemands.

Cette seconde partie formait la tâche du professeur Mayr qui voulait calquer les frontières sur les intérêts militaires et économiques de l'Autriche et constituer, pour défendre cette frontière, une solide barrière de populations allemandes. Et pour en faciliter la formation, la *Münchener Augsburger Abendzeitung* du 26 janvier 1918 demandait pour les habitants allemands du Trentin une représentation dans la commission régionale nommée par la Lieutenance d'Innsbruck pour la restauration du Trentin, en vue d'empêcher que ces habitants de langue allemande et leurs intérêts pussent être sacrifiés à la majorité de langue italienne. En même temps, on cherchait à détruire la cohésion et d'affaiblir l'esprit national de cette dernière, en prétendant opposer, comme le voulaient les *Innsbrucker Nachrichten* du 6 décembre 1917, les Latins du Tyrol aux Italiens, et en affirmant que ceux-là n'avaient jamais prêté l'oreille à l'irrédentisme.

Tandis que les Allemands d'Autriche se préparaient ainsi à combattre l'italianisme dans le Trentin, les Slovènes autrichiens méditaient une attaque analogue contre l'italianité de nos frères résidant au-delà de l'ancienne frontière orientale. Le *Slovenski Narod*, par exemple, se faisait l'interprète de ces intentions le 15 décembre 1917, et demandait la slavisation de Gorizia et protestait vivement contre le gouvernement et contre la bureaucratie, parce qu'ils ne s'étaient pas encore attachés à la tâche de l'élimination de tout ce qui, dans cette ville, a caractère italien.

Quant à la menace qui pèse aussi, de la part des mêmes ennemis, sur l'italianité de Trieste, elle apparaît dans un ordre du jour approuvé le 8 décembre 1917 dans une réunion organisée par le *Consigliere del Popolo* et rapporté dans la *Tages Post* du 27 du même mois. D'après cet ordre du jour, l'assemblée demandait aux autorités compétentes « qu'à la conclusion de la paix, la question italienne soit résolue de façon définitive ; qu'en aucun cas il ne faudrait grâcier ceux qui, durant cette guerre, se seraient réfugiés sur le territoire d'un autre Etat ; qu'on ne devrait pas rétablir dans leurs charges publiques et dans les écoles les éléments qui, pendant la guerre, auraient été éloignés de Trieste parce que convaincus de sentiments anti-autrichiens ». — « Trieste - concluait cet ordre du jour - est notre unique port ; et, comme tel, est propriété de l'Etat tout entier, et il ne faudra pas permettre qu'il serve aux luttes nationales. Nous invitons les députés allemands à agir dans ce sens et à s'employer, en attendant, pour que soit fondé à Trieste une école normale allemande ».

**

Mais ce n'est pas seulement sur l'italianité des territoires irrédentes que pèserait la plus grave menace. Déjà M. Orlando, président du Conseil des ministres, a appelé avec une patriotique franchise, la conscience du Pays et du Parlement sur le péril qui pourrait en découler aussi pour nos territoires actuellement occupés par l'ennemi. Trop de manifestations ont révélé les desseins cachés de l'avidité ennemie, pour qu'on puisse taxer d'exagération ce cris d'alarme. L'Italie, voulant fermement libérer par les armes ses provinces envahies, pourvoit en même temps aux fins que nous impose notre conscience nationale à l'égard des Italiens d'outre-frontière. Repousser l'ennemi du sol envahi, c'est en même temps effectuer la libération de ce territoire et la défense de notre race, sur laquelle pèse, des deux côtés de cette frontière, le cauchemar de la même menace.

Le 21 décembre 1917, les *Hamburger Nachrichten* publiaient un article du major Moraht qui demandait au Commandement suprême quand les Empires centraux se décideraient enfin à faire sentir à l'Italie tout le poids de leurs forces et lui démontreraient avec évidence la gravité de sa situation.

Cette exhortation aux chefs ennemis coïncidait avec la campagne de fausses nouvelles que l'on répandait astucieusement dans les pays ennemis et neutres, concernant la dépression de l'esprit public en Italie. Et en même temps que d'autres manifestations, cette campagne révélait, au sein des partis impérialistes des Empires centraux, l'élaboration d'un programme qui allait bien au-delà du maintien des conditions territoriales antérieures à la guerre, sur lequel avaient tant insisté à la fin de 1917 certains journaux ennemis qui commentaient les déclarations du chancelier Hertling. Cette nouvelle tendance se manifestait contemporainement dans les journaux allemands, comme par exemple les *Hamburger Nachrichten*, qui, le 6 décembre 1917, affirmaient qu'il fallait désormais déconseiller, du point de vue allemand aussi, une politique d'égards envers l'Italie. Le même jour, des journaux austro-hongrois, comme le *Pester Lloyd*, exhortaient les Empires alliés à traiter l'Italie sans aucune pitié : « L'Italie n'échappera pas à son destin.... Sur la Brenta et sur le Piave résonne lugubrement le glas funèbre de la puissance italienne. Nous irons dans un esprit de conciliation vers tous les peuples avec qui nous voulons la réconciliation, mais le peuple italien sera traité comme un bandit abattu ».

Pour affaiblir notre résistance, on publiait, au commencement de 1918, à Berlin et à Zurich, un nouveau journal, *La Pace*, rédigé en langue italienne et destiné à la propagande pacifiste auprès des Italiens résidant à l'étranger. En même temps s'affirmait le dessein de modifier l'ancienne frontière au profit de l'Autriche. Des journaux bavarois et allemands du Tyrol (*Allgemeiner Tyroler Anzeiger*, 24-27 décembre 1917, *Innsbrucker Nachrichten*, 27 décembre 1917 et 8 janvier 1918) réclamaient ces « frontières naturelles » du côté de l'Italie, qu'Othon avait assignées pour la défense de l'Empire allemand, et prétendaient obtenir pour l'Autriche : 1° la possession de tous les passages des Alpes y compris les passes de Caffaro, du lac de Garde, au moins jusqu'à la ligne Salò-Garda, du mont Baldo, du Plateau d'Astico, du territoire de Primolano, du Cadore occidental avec Caprile, et des régions de la Haute Piave et du Haut Tagliamento ;

2º La réunion de la Pusterie à la mer de Marano et de Trieste, au travers de Gorizia et Gemona ; 3º la possession de la plaine jusqu'à la Livenza, «revendiquant ainsi des terres qui n'appartenaient pas, historiquement, à la race italienne »; 4º la formation d'un bastion germano-latin dans la région-frontière, excluant une autonomie quelconque en faveur des Italiens, et préparant la jeunesse avec l'aide de l'Eglise et de l'Ecole, à penser et à se conduire en patriotes autrichiens.

Le docteur Rohweder exhortait les gouvernements des deux empires alliés à reconstituer l'antique comté allemand du Frioul, avec Udine pour capitale, et à reprendre *aux belliqueux Italiens* « l'Alpe qui ceint l'Allemagne », l'antique rempart des Allemands. Peu après, l'ex-président de la Chambre des Représentants, Sylvestre, faisait écho au docteur Rohweder, et demandait une rectification des frontières du Frioul, pour assurer l'Empire contre de futures agressions.

Avec une adresse raffinée et perfide, tandis que notre ennemi simulait un impérieux désir de paix et une modération désintéressée de ses buts de guerre, et adressait en ce sens les paroles de ses hommes d'Etat au monde des adversaires et des neutres, et tandis qu'avec la plus ténébreuse des ruses, il continuait sa propagande de paix sans annexions et sans indemnités parmi nos troupes et nos populations, il suscitait et encourageait parmi ses propres sujets les plus avides ambitions d'expansion territoriale à nos dépens. Et dans le même temps qu'en Russie il s'apprêtait à recueillir les fruits de cette duplicité insidieuse et assidue, il s'employait avec un soin de plus en plus intense à en répandre et à en féconder en Italie les germes, afin que notre résistance morale, affaiblie par cette action artificieuse, vînt se heurter à des aspirations inattendues des gouvernements et des peuples ennemis, soutenues par la plus énergique et impérieuse résolution de les faire aboutir.

**

Les conquêtes pour lesquelles l'ennemi voulait préparer ainsi l'opinion et la volonté de ses peuples, en falsifiant l'histoire de la manière la plus flagrante, il s'efforçait de les présenter comme des revendications. La *Kölnische Zeitung* du 28 décembre 1917 commençait un article sur ces revendications en rappelant les paroles d'Alboin qui, contemplant des sommets les plaines italiennes, s'écriait : « L'Italie m'appartient ». Et, rappelant que le duché du Frioul avait été une création lombarde, il affirmait que nombre des traits caractéristiques des Italiens du Nord dérivaient de l'influence exercée sur notre race par les éléments germano-lombards.

La tendance conquérante s'accentuait nettement dans la presse hongroise, vers le milieu de janvier 1918. On y déclarait clairement à l'Italie que le programme « sans annexion et sans indemnité » ne pouvait être considéré ni comme définitif, ni sans réserve pour toutes les puissances qui s'obstineraient à ne pas vouloir cesser la guerre.

Et les *revendications autrichiennes* ne suffisaient point à ces impérialistes ; pour *punir* l'Italie, ils se faisaient aussi les protecteurs des intérêts des neutres dont ils n'avaient cependant reçu aucun mandat. La *Reichspost*, par exemple, demandait pour la Suisse la Valteline *irrédente*, et excitait la Confédération à la revendiquer à titre de dédommagement pour les dommages subis à cause de la prolongation de la guerre, imputable à l'intervention italienne. Le même journal soutenait, dans son numéro du 20 décembre 1917, que, pour garantir la sécurité des Allemands de Trieste, il fallait exiger une rectification de frontière du côté de l'Italie. Il ne suffisait plus à cette sécurité que Trieste soit, comme l'imprimait la *Voce del Littorale* du 14 novembre, militairement *libérée*; il fallait la renforcer d'une nouvelle frontière qui la préserverait d'un retour du péril à peine écarté.

Dans le Frioul envahi se manifestaient les mêmes desseins d'opprimer et de faire dégénérer le sentiment national des populations, en vue de préparer l'accaparement du territoire. La *Gazzetta del Veneto* s'engageait dès le début dans cette voie insidieuse ; un article intitulé « Terra Friulana » soutenait que la population frioulane était d'une autre race que le reste d'Italie. Dans son troisième numéro, le même journal rendait compte de la réception par le Baron de Fries-Skene d'une députation slovène de Trieste et de réfugiés de Gorizia qui avaient voulu lui exprimer leur joie de ce que « les frères vénitiens séparés de l'Autriche en 1866 avaient été libérés du joug italien ».

Pour gagner à ces idées les populations, on les préparait à subir ces solutions comme inévitables, on répandait habilement les plus fausses et les plus impressionnantes nouvelles. La *Gazzetta del Veneto* publiait dans son sixième numéro un communiqué de l'*Agence Wolff* selon lequel les Empires centraux avaient dénoncé les assurances données antérieurement à l'Italie en matière territoriale.

Dans le territoire envahi, une partie des autorités communales ou podestats était choisie parmi des indigènes ayant longtemps habité l'Autriche et connaissant la langue allemande ; mais en partie on préférait pour ces fonctions des sujets autrichiens du Frioul ou de l'Istrie, qui se prêtaient plus facilement à servir le gouvernement en tissant ces trames de mensonges. On instituait aussi, auprès des autorités militaires, des interprètes civils, qui devaient être le lien entre la population et le gouvernement, et auxquels était confiée la mission d'exercer toujours et partout une propagande anti-italienne, et de répandre les plus odieuses calomnies contre l'Italie et son armée. En outre de ces agents du gouvernement, de nombreux espions sans mission bien précise envahissent le pays ; à la flatterie et à l'embûche, ils joignent la dénonciation ; il diffament la patrie auprès de ces malheureuses populations qui n'en peuvent recevoir aucune nouvelle, puis trahissent ceux dont ils ont réussi à capter la confiance.

Pour permettre d'apprécier à quelle bassesse de moyens recourt l'espionnage autrichien, nous rappellerons seulement le fait survenu vers le milieu de janvier à Pieve di Soligo, où les « interprètes » ayant répandu le bruit que le service postal allait être rétabli, invitèrent les habitants à écrire à leurs parents, tant des territoires occupés que du reste de l'Italie. Ce fut chez tous une extrême joie, et ils portèrent en foule à la poste leur correspondance, qui après avoir été lue attentivement par les censeurs, fut brûlée deux jours après dans un champ voisin. Ainsi la censure, que la population croyait n'être qu'une condition inévitable garantissant l'envoi de sa correspondance aux parents éloignés, avait été la fin en vue de laquelle on avait provoqué une correspondance qui, après censure, fut complètement supprimée.

Les ruses de l'espionnage, tendues en vue de connaître les sentiments des habitants, le mensonge et la diffamation largement répandues pour modifier ces sentiments devaient, dans l'intention de l'ennemi, rendre plus aisément accessibles aux séductions du particolarisme, ou de la germanisation et de la slavisation respectives, les Italiens du territoire occupé. Unis dans le dessein de menacer et d'appauvrir la population italienne, les deux concurrents, slave et germain, sont pourtant en désaccord quand il s'agit de se partager la proie. Et si ce sujet n'était pour nous aussi douloureux, on pourrait sourire de cette polémique d'avidité entre l'*Edimost* et la *Preussische Kreuz Zeitung* et de leurs efforts pour donner au Frioul une définition ethnique slave **ou** germanique. C'est pourquoi, si d'un côté la lettre pastorale de Mgr. Sedej, archevêque de Gorizia, à l'occasion du nouvel-an de 1918 provoque notre dédain pour la partie consacrée à rendre grâce à Dieu pour la *libération* du diocèse, nous ne pouvons qu'approuver celle où il exhorte les absents à revenir à la terre natale *qui ne doit pas être abandonnée.* C'est seulement ainsi, par l'action concorde et pérsévérante des Italiens qui n'auront pas abandonné les villages où ils ont vu le jour, que pourra parler, plus haut que les mensonges et les manœuvres insidieuses, l'italianité de ces terres, et que seront découragés tous ces efforts de dénationalisation qui, ou bien souillent la conscience nationale des Italiens demeurés chez eux, ou bien encouragent l'émigration allemande ou slovène à prendre la place des émigrés.

Signalons au contraire la lettre à tous égards noble et digne d'approbation qu'adressait l'Archevêque de Udine aux fugitifs des provinces envahies ou aux Italiens restés sur les lieux, les exhortant à conserver également intactes la patience de l'attente et la fermeté de la foi. « Vous troubleriez », écrivait Mgr. Rossi, « par des manifestations d'impatience inopportunes et désordonnées, la très noble résistance que notre Patrie oppose à l'ennemi ; vous manqueriez à votre devoir de bons citoyens ; votre impatience ôterait à vos souffrances tout mérite devant Dieu. *Sursum corda!* Oui! elle viendra, la Pâque de notre chère patrie, de nos chères provinces envahies et martyrisées ; la Pâque de notre retour d'un exil forcé ; la Pâque qui nous rendra nos foyers, nous ramènera nos parents et nos amis ; la Pâque qui rendra à cet évêque désolé ses enfants bien-aimés ».

C'était là une exhortation opportune et nécessaire pour les Italiens émigrés et pour ceux demeurés en territoire envahi, car nous n'avons pas indiqué toutes les manœuvres que l'ennemi va tramant contre l'italianité des territoires occupés et de la région irrédente voisine. Tandis que les Slovènes prétendent que les Frioulans sont des slovènes italianisés, et recourent à l'artifice si largement employé, pour l'établissement des statistiques balcaniques, par la rivalité des Grecs bulgarophobes et des Bulgares héllénophobes, et, forts de cette hypothèse arbitraire baptisée vérité, demandent au gouvernement les mesures propres à re-slaviser ces Italiens ; les Allemands et les Autrichiens de l'Empire recourent dans un but analogue à un artifice semblable à celui qu'ils mirent en œuvre en Belgique sous le couvert du mouvement flamingant, et plus dénué encore de tout fondement de justice et de vérité. Ils prétendent établir que le dialecte frioulan est une langue entièrement distincte de l'italien, que le peuple frioulan est une race entièrement distincte de la race italienne. On cherche ainsi à détacher de l'unité de notre famille italienne un groupe de frères pour constituer et opposer à l'Italie une barrière frioulane entre l'Italie et l'Autriche, de Gorizia au Tagliamento. Par tous les artifices et tous les mensonges, on cherche à susciter ce sentiment particolariste parmi les habitants du Frioul ; mais contre ces entreprises perfides et ces prétentions insensées, s'insurge, dans sa foi indomptable et sûre, la conscience nationale de ces patriotiques populations ; elle crie son absolu, son austère dévouement à la patrie, dans la bonne et la mauvaise fortune, elle proteste avec l'éloquence de la vérité, elle oppose l'histoire des générations passées, la forme et la filiation latine de la langue, le génie de la culture frioulane. S'il y a, comme l'a démontré M. Pirona, auteur d'une grammaire et d'un dictionnaire du dialecte frioulan, une affinité entre cette langue et une autre que l'italien, c'est avec le latin, d'où l'une et l'autre sont dérivées, alors qu'il n'existe aucune parenté entre le frioulan et l'allemand, ou entre le friculan et le slovaque.

Mais plus que l'origine du peuple, mieux que l'origine de la langue, nous avons pour revendiquer l'absolue italianité du Frioul, de part et d'autre de l'ancienne frontière, le génie et le sentiment de ses populations, les mouvements unanimes et spontanés de joie et d'angoisse, de désespoir et d'espérance, de rébellion contre tous les ennemis de l'Italie, et de foi pour la cause italienne qui a toujours été et sera toujours la cause de ce peuple et de sa terre.

Cette foi inébranlable de l'âme frioulane, cette rébellion contre les calomnies et les traîtrises autrichiennes ont trouvé une éloquente et émouvante expression dans les vers qu'une aimable poétesse frioulane, au nom de sa race et de sa terre, a composés à Florence, où elle attend avec une douloureuse impatience, en prodiguant depuis trois ans son aide aux institutions patriotiques, l'heure de rentrer dans sa chère Udine. Aux mensonges des ennemis et aux fausses notions de ceux qui s'en laisseraient accroire, à toutes les faussetés « que l'Autriche va disant du Frioul », elle oppose le « Cri d'un Frioulan » ; et s'adressant à tous les Italiens, elle atteste et revendique ainsi la foi de ses frères :

« Ecoutez, je vous prie, ma fervente pensée. Et, aidés de l'histoire et de la géographie, lisez en bonne foi cette poésie.

» Je suis frioulan, sur mon honneur, et non suspect. (Car le frioulan est italien, brave homme !)

» Mais je crois que désormais tous le savent, depuis que, maisons et biens, nous avons tout laissé, plutôt que de vivre sous l'ennemi détesté même un jour, même un instant.

» Qu'il déblatère, le laid Germain, et qu'il répande, par le moyen de la Suisse (grand bien lui fasse !) tout son saoûl d'inventions sur notre « Comtat », notre beau Frioul, sur le sentiment profond de notre cœur qui toujours victorieusement a rejeté avec gloire la triste race, et sur ce pays, au nom peu italien !! Udine et Monfalcone, et Cervignano, et Palma, Aquileia, Cividale, Duino.... Laissez-nous rire ! et attendre le destin !...

» Qu'ils racontent que dans une auberge, on a vu accroché le portrait de l'empereur d'Autriche-Hongrie ! (Il est juste qu'ils aient mis là un tableau, après en avoir tant et tant emporté !)

» Mais l'emblème de la foi, il est dans le cœur, on ne le met pas bien en vue sur un mur.

» Et vous, journaux, laissez en paix la terre qui pâtit d'un sort si amer.

» Il est fort et plein de foi, le bon Frioulan ! Mais cessez de mettre la main dans sa plaie ! On nous a toujours appris que c'est bonne grâce de ne pas parler à quelqu'un de son malheur. »

La tragique épreuve imposée par les vicissitudes de la guerre aux provinces envahies, les unissant dans un même péril et une même douleur avec les populations des régions irrédentes, renforce leur fraternité et leur dévouement à la commune Patrie, et impose à l'Italie le devoir sacré de les libérer les unes et les autres. Notre peuple, persistant avec la plus ferme ténacité dans la lutte pour la revanche et pour la victoire, combat à double titre pour l'intégrité de la Patrie ; pour la libération des frères qui attendent, asservis, même avant la guerre, au joug étranger, ou momentanément séparés d'elle au cours de la guerre ; pour l'intégration, longuement attendue, de l'unité nationale ; pour assurer à la Patrie, avec les bastions indispensables à sa défense, les plus solides garanties de paix.

Pour gravir la pente ardue des revendications nationales, l'étoile de la justice nous sert de guide. Et le consentement et la sympathie des peuples qui combattent avec nous pour le triomphe de la liberté et du droit, doivent appuyer notre grande entreprise, car notre victoire, qui sera celle de la justice, sera aussi leur victoire, et ils réaliseront par elle la plus noble des fins pour lesquelles ils ont dégainé l'épée.

« C'est là justice grande, car cette guerre est juste qui est nécessaire, et les armes sont miséricordieuses lorsqu'on n'a d'autre espoir qu'en elles. »

TABLE DES MATIÈRES.

www.ingramcontent.com/pod-product-compliance
Ingram Content Group UK Ltd.
Pitfield, Milton Keynes, MK11 3LW, UK
UKHW021513090726
13657UKWH00001B/210